培养孩子
大能力的
210个活动

让孩子具备在学校和人生中
取得成就的品质

[美] 多萝茜·里奇（美国家庭与学校协会创始人） 著

蒋玉国　陈吟静 译

北京联合出版公司
Beijing United Publishing Co.,Ltd.

图书在版编目（CIP）数据

培养孩子大能力的 210 个活动 ：让孩子具备在学校和
人生中取得成就的品质 ／（美）多萝茜·里奇著；蒋玉国，陈吟
静译 . —— 北京 ：北京联合出版公司，2011.10（2021.3 重印）
ISBN 978-7-80724-818-7

Ⅰ . ①培… Ⅱ . ①里… ②蒋… ③陈… Ⅲ . ①家庭教
育 Ⅳ . ① G78

中国版本图书馆 CIP 数据核字 (2011) 第 189511 号

MEGASKILLS: BUILDING OUR CHILDREN'S CHARACTER AND ACHIEVEMENT
FOR SCHOOL AND LIFE by DOROTHY RICH
Copyright © 1988,1992,1997,2008 BY DOROTHY RICH
This edition arranged with QUEEN LITERARY AGENCY
through Big Apple Agency, Inc., Labuan, Malaysia.
Simplified Chinese edition copyright©2021 Beijing Tianlue Books Co.,Ltd.
All rights reserved.

培养孩子大能力的 210 个活动

著　　者：[美] 多萝茜·里奇
译　　者：蒋玉国　陈吟静
出 品 人：赵红仕
选题策划：北京天略图书有限公司
责任编辑：王　巍
特约编辑：高锦鑫
责任校对：郝　帅
美术编辑：朝圣设计

北京联合出版公司出版
（北京市西城区德外大街 83 号楼 9 层　　100088）
北京联合天畅文化传播公司发行
北京彩虹伟业印刷有限公司印刷　　新华书店经销
字数 267 千字　　889 毫米 ×1194 毫米　　1/16　　18.5 印张
2021 年 3 月第 2 版　　2021 年 3 月第 2 次印刷
ISBN 978-7-80724-818-7
定价：45.00 元

序

　　本书的第 1 版出版于 1988 年，现在你看到的是第 5 版——一个全新的升级版。前几版所受到的欢迎表明，各地具有不同社会经济背景的父母们，都认识到了"大能力"对孩子的生活有多么重要，以及他们多么需要具体的、实际可行的活动来帮助孩子学习。

　　由于希望接触尽可能多的家长，我设计了一系列项目，用来培训"大能力培训班"的负责人，以便他们能够教会家长们如何在家里将这些"大能力"教给孩子。这些项目取得了非凡的成就，目前，已经在 48 个州的 4000 多所学校中得到采用。

　　40 年前，作为一名教师和一位母亲，当我发现自己得到的有关这两个角色的信息很混乱的时候，我决定自己一定要找到一个方法，来帮助家长们搞清楚他们能够做什么以及应该做什么来帮助孩子学习。我分析了已有的研究成果，自己也作了研究，开发出了家长和教师培训项目。

　　我当时给自己定的目标是："要搞清楚每个家庭能做什么。要设计出一个可行的系统。不能太难或太长。要非常简单、容易，让每个人都能运用。要切实可行，要有乐趣。这个系统要能让家长和孩子一起做事、一起体验成功。要记住，很多有用的事情并不需要花很多时间。"

　　我知道，这个系统必须要提醒家长们：他们不必十全十美，孩子也是如此。这个系统必须给孩子提供与学校里不同的活动，以便家里的活动内容与学校里的互为补充。家和学校是不同的地方，两者必须互相补充，而不是互相复制。

我必须告诉家长们，现在有一种参与孩子教育的新方式，一种与参与到孩子学校的事务中——常常意味着与老师见面——不同的方式。这是因为，能够以原来的方式参与孩子教育的家长越来越少了，尤其是全职工作的妈妈们。

我想告诉家长们不要为此感到内疚。他们应该在意的是在学校之外对孩子教育的参与。

我想帮助家长们向自己的孩子表明：学习很重要，他们也很重要。而且，我必须要找到方法，帮助家长和老师们把关注孩子的"错"转到关注孩子的"对"上来。

我在很多年里既是教师又是家长，听到了来自家长和老师们的非常真切的担忧。自始至终，我也听到了自己内心的声音，于是，我决定将自己了解到的一切与每一位愿意听的家长和老师分享。我建立的项目机构和这本书，就是这个决定的结果。

把一个经过这么多年检验的项目介绍给你的好处就是，你能了解到我们一路走来所了解到的全部知识。但是，有些读者可能会说："我为什么没早点这么做呢?"我的回答是："不要为你过去做过或没有做过的事情担心。一切从现在开始。"

当我问家长们，他们想让自己的孩子接受的最好的教育是什么时，来自美国和世界各地的家长们的回答都非常相似。他们需要的是一种能够培养孩子承担责任、好奇心、学习的渴望、自制力、努力、对他人体谅以及友善的能力的教育。

功课方面的技能是必需的，但远远不够。21 世纪要求孩子具备学习欲望、创造性、专心致志的能力、把事情做好的动力，尤其是终身学习的自制力。这是孩子最需要具备的特性，是真正的新"基础"。这就是本书的内容。

这本书的主题是培养孩子热爱学习——不是抽象的热爱，而是具体、真实、实际的热爱。这种热爱使老师取得教学的成功成为可能。而且，这也决定着孩子未来的命运，国家未来的命运。

"大能力"是我们送给孩子的最好礼物。

多萝茜·里奇

引　言

　　当父母从来就不容易，但也并非总是那么难。现在，大多数父母再也不能命令孩子"做这个做那个"，并指望孩子乖乖地照办而什么也不问了。

　　21世纪是一个思考型学习者的时代，孩子必须成为一个这样的人。孩子未必听父母的话，而对广告商、同龄人以及那些并不一定把他们的切身利益放在心上并且不一定提供最好建议的人却言听计从。这就是培养孩子的自制力之所以特别重要的原因。

　　同时，作为父母，我们必须要让孩子具有行为规范和界限的意识，这对于孩子在自我指导中保持稳定、自信和真正的自由都是必需的。这并不简单，而这就是"大能力"为什么如此重要的原因。

"大能力"：学习的内在动力

　　人们普遍认为，孩子要取得成功，必须具备某些基本技能（指的是读、写、算）。但是，对于一直在学校学习基本技能的孩子来说，他们需要在家里学习另外一套重要的基本技能。

　　"大能力"是孩子学习的内在动力。尽管他们在学校里能加强这些能力，但这些能力是从家里获得的。

　　我知道，谈论"大"这个、"大"那个是一件很时髦的事情。正因为如此，在一定程度上，我对使用"大能力"这个词感到犹豫。但是，当我思考孩子具备怎样的能力才能学会并运用他们所学的技能时，当我思考他们具备怎样的能力才能抵制毒品和退学的诱惑时，我想到了比一般能力更加重要的态度和能力；我想到了自信、积极性、努力和解决问题的能力。用"大能力"这个词来定义这些能力，看起来是恰当而正确的。一种"大能力"，例如自信，是一种长期有用并有助于取得成就的能力。有了这种"大能力"，我们才有可能运用学到的其他技能。

自　　信：觉得自己能做

积 极 性：我要做

努　　力：愿意努力做事

责 任 感：做该做的事

首创精神：采取行动

坚持不懈：完成已开始做的事情

关　　爱：表现出对他人的关心

团结协作：与别人一起做事

常　　识：利用良好的判断力

解决问题：把你所知道的和你能够做的付诸行动

专　　注：为了一个目标，专心致志地做事

尊　　重：表现出良好的行为、礼貌和对别人的欣赏

这些并不是"大能力"所涉及的全部，但对于决定学业以及其他方面的成功起着重要的作用。这些能力不会从天上掉下来，落在几个幸运者的头上。父母可以在家里把这些能力教给孩子。

我们不知道未来需要什么样的专门技能，不知道孩子将要面对的具体情况。我们只知道，孩子必须要运用他们今天所学的东西，并要适应未来。他们需要大能力。

"大能力" 的重要性

每个父母和老师都希望孩子聪明、积极、负责任、合作、善于倾听，并且自信、自律、拥有良好判断力。这可不是简单的事情。

然而，这正是 21 世纪要求孩子必须具备的品质——能够终身

学习并且愿意终身学习。

我们可以在学校给孩子写的每一份评语中看到这些"大能力"，可以在成年人的每一份工作业绩评估中看到这些"大能力"。这就是我确定哪些能力是"大能力"的主要来源。在我们的一生中，我们始终被别人按照我们的"大能力"评价着，这就是我将之称为"伴随一生的评语"的原因。

为了说明我们怎样被按照自己的"大能力"评价着，本书每一章的头一页都列出了"在学校的评语"和"在工作中的评语"之间的联系。下面是一些例子。

在学校的评语	在工作中的评语
表现出自信。	表现出作决定的能力和意愿。
愿意冒险。	
独立完成事情。	显现出解决问题的能力和意愿。
理解并运用新概念。	
反应灵敏。	在适当的情况下把责任或权力托付给别人。
表现出自我控制。	
专注于做事。	正直。
掌握新资料和新方法。	重视结果并使用创造性方法。
重视做事的质量。	掌握知识和专业技术。
	完成任务。
表现出礼貌和体贴。	显现出团队协作的能力。
保持公平竞争意识。	维持良好的个人人际关系。

从家里开始

二十多年以来，我已经设计并检验过了几千个"在家学习的菜单"，使父母们能够帮助自己的孩子学习。我的目标是帮助父母们为孩子的学习搭好框架，不仅仅是为了明天的考试，而是为了整个学年、下个学年和下下个学年……

家庭可以做许多学校做不到的事。吃早餐、看电视、坐车以及在家里和附近等地方的时候，家长都和孩子在一起。这都是让孩子为学校的学习做准备、巩固学校所学知识的时刻。

本书以一种简单明了的方式作为所有"在家学习的菜单"的基础：你为什么要做？你需要什么？你做什么？以及更多想法。这种方式提供了一种始终如一的方法来考虑怎样教孩子。

孩子并不是必须要拿着纸和笔，静静地坐在书桌前才能学习。对于很多事情的学习，这种方法并不正确。孩子，尤其是年龄小的孩子，需要身体活动以及在没有竞争压力的情况下提问、探索和试验的机会。这正是本书中的活动所提供的。

一个"在家学习的菜单"必须要满足一定的标准。为了让你明白本书中的"菜单"是如何制定的，并使你在读完本书之后能设计出你自己的"在家学习的菜单"，我把这些标准介绍如下。

一个"在家学习的菜单"必须：

■ 与学校作业有关，但不是作业本身

孩子需要一些与学校里不同的方法在家里取得成功，但这些方法同时要有助于他们在学校取得成功。父母需要一些方法来帮助孩子学习，而不是整天唠叨："你做家庭作业了吗？"

■ 既有用又有趣

本书中的每一个"菜单"都有一个学习目的。没有任何一个要教你如何与孩子快乐地玩耍。你知道如何跟孩子玩耍。这些"菜单"的诀窍在于，你在教给孩子一个很重要的课程——例如责任感——的同时，还能得到乐趣。

■ 有重点

例如，当你教给孩子责任感时，可能会首先从教"听从指令"开始。你要找到一个切实可行的具体方法。你不能让一个非常小的孩子上楼去"打扫一个房间"，而应该让他做下面这样一些事情：铺床，或者用吸尘器打扫地毯，或者拉开窗帘。好的教法是一个循序渐进的过程。

■ 要容易做、用时少、不花或少花钱

父母可以和孩子一起愉快地教和学，没有担忧、没有争吵。按照本书中的方法教孩子，不要求你是一个"圣徒式"家长。

孩子的年龄不同，方法也不一样

适用于学龄前儿童的方法，并不适用于 5 年级学生。随着孩子的成长，父母必须改变方法。每一章中的"菜单"都为不同年龄的孩子提供了不同的活动。

对于 4~6 岁左右的孩子，很多"菜单"都涉及到了为上学做准备以及数数、排序和初步阅读等小学阶段的科目。

对于 7~9 岁左右的孩子，很多"菜单"把帮助孩子更有条理、形成学习能力和好的学习习惯作为重点。

对于 10~12 岁左右的孩子，很多"菜单"的目的是帮助孩子了解他们自己、他们的朋友和家人。很多活动的目的是培养孩子具有更强的自立意识、职业意识、形成健康习惯和自尊，这有助于防止孩子形成坏习惯。

按照年龄设计的这些活动并不是不能变通的。很多 4 岁孩子会喜欢 7 岁孩子的活动，反之亦然。要利用任何一个对你和孩子有吸引力的活动。我指明年龄的目的只是为了提供一些活动选择的指导。我希望所有这些活动能对每个人都有用。

知道我们在教什么：大能力与孩子的功课

本书中的活动让家长和孩子都很愉悦，以至于经常有人问我："这些活动与学校有什么关系？这些活动很好玩，但真的与学校的功课有关系吗？"

答案——我总是很高兴地给出答案——是"是的。"所有的活动都与学校有关。然而，这些人的问题提醒我，需要把这种关系解释一下。所以，在这一版中，每一个活动与功课有关的具体目标都用"■"标注在了活动的下面。这为每个活动的重要性以及真正在教给孩子什么作出了明确的说明。

这些活动的设计初衷就是为了支持孩子的功课，但也能满足各种各样孩子的需要。这些活动的目标是使每一个孩子通过多种活动走向成功。

在教给孩子"大能力"的过程中，我们同时还教了很多东西。我们在教孩子功课，在教职业道德，在培养孩子的性格。而且，我们是通过各种各样能激发孩子学习的充满乐趣的活动来做到这一切的。能同时做到这些吗？来自于全国各地的证据都非常明确地表明能够做到，并且已经做到了。

例如，以第 1 章"自信"中为 4~9 岁孩子设计的"我的重要性"活动为例。这个活动要求孩子做一幅"我"的海报，这看起来不外乎就是剪剪贴贴，但是，实际上是在培养很多种能力，包括：

■ 培养读写能力。这是通过清楚地交流、比较信息、抽象思考以及使用新词汇来描述自己的兴趣、能力和优点来达到的。

■ 找出论据和事实，在符号和词语之间建立联系

■ 把材料、图画和符号联系起来

这个活动看似游戏，甚至感觉也像游戏，但这是一个很有效的教学活动。

一些活动与学校有明显的联系。例如，第 6 章"坚持不懈"中的"熟能生巧"活动，是用来帮助学生：

■　认识到学习新东西的益处，并了解工作与学习之间关系

■　对个人责任心、努力和良好的工作习惯形成更多的认知

每一个孩子都有权知道怎样才能成功。这实际上是一个与生俱来的权利，然而，现在有许多孩子并不明白成功需要什么——不知道承担责任、不屈不挠和运用常识意味着什么。

我们以为他们知道。我们以为我们和孩子讲的是同一种语言。但是，越来越多的孩子没有获得这些重要的基本知识。好消息是，这些基本知识——"大能力"——是可以教给孩子的。

目　录

第 9 章　常识:利用良好的判断力

第 10 章　解决问题:把你所知道的和你能做的付诸行动

第 14 章　上学之前的读、写、算

决定孩子一生成就的
12种大能力

第 *1* 章

自信
觉得自己能做

伴随一生的评语

在学校的评语

戈登喜欢接手做新作业，
结交新朋友。

他有很好的自律习惯。

在工作中的评语

史密斯先生不回避艰巨的
工作。

他能面对挑战，具有杰出的
人际关系技巧。

当孩子像下面这么说的时候，我们知道自己听到的是什么：

"我干不了那个。"

"别的孩子比我好。"

"我害怕。"

"我不想试。"

我们听到的是一个孩子对更多自信的呼唤。这让人痛彻心扉。而且，当孩子感到不自信的时候，我们自己的自信心也会受到影响。

现在，人们经常谈到自尊。自尊是重要，但是，如果没有真实的体验，自尊就成了一个空洞的概念。自尊并不是一条孤立的"航线"，它是融入在日常生活中的，是不断取得成就的活动的一个结果。

> "我还记得我三年级时做的那个布垫子。那是用一圈一圈黄色、红色、金色和橙色的布做成的。那是我给妈妈做的礼物。她为此很自豪。做这个礼物让我感觉很好。"
>
> 说这话的是一个年近 60 的男人。他拥有博士学位和许多科技成果。但当问到他对自信的感受时，他提到了这个布垫子。

本章中的活动能让孩子在家里获得积极的体验。这些活动既不花钱，又省时，但能增强孩子的控制感，让他们鼓起勇气，增强家庭观念，并减轻他们对意料之外以及未出现过的事情的恐惧。目的是让孩子拥有一种"我有能力处理那件事"的心态。

我们的目标是帮助孩子形成自尊并尊重他人——这是真正自信的基础。正是这个基础，使人受益终生。

小事情带来大不同

我还记得自己把一只鸡带回家的那一天。我用一个比自己还大的柳条箱来装洛基——一只公鸡。那是我读一年级的最后一天。

那年春天，我们班养了鸡——看着它们从鸡蛋变成小鸡，直到几乎完全长大。后来，放暑假的时间到来了。谁来照看这些鸡呢？班里的每个同学都想，尤其想要那只叫朱厄尔的。

我们的老师卢茨夫人决定，惟一公平的方法是抽签。只有那些从家里拿来便条的孩子才能参加抽签，便条上必须写明："如果我们赢了，我们将照料小鸡。"

我紧紧抓着自己的便条（我的哥哥当时上 5 年级，写了那张便条，我妈妈在上边签了字），一整天都在等待着那次决定命运的抽签。我们大约有 15 个人，而要照顾的小鸡却只有 4 只。终于，预定的抽签时间——3：15 到来了。

卢茨夫人分别在 4 张小纸条上标上一个 X 和一只小鸡的名字，而在其余纸条上仅仅标了 X。在她写纸条的时候，我用像鹰一样锐利的眼睛盯着她。

然后，卢茨夫人向排好队的我们走来。就在那一刻，我意识到自己站错了地方。萨莉和萨拉，一对长着金色头发的双胞胎，排在我前面。她们抽到了那张写有朱厄尔名字的纸条。这让我很失望。当然，她们高兴极了。但是，即使在那个时候，我也知道，如果我要得到一只鸡的话，自己就必须振作起来。

轮到我了。在紧要关头，我一般会闭上双眼，但这一次我的眼睛睁得大大的，让自己全神贯注。然后，我小心地把手从放纸条的书上滑过，摸到一张宝贵的纸条。

看啊，纸条上写着"洛基"。哦，我真自豪，真高兴啊。是的，尽管没有抽到朱厄尔让我感到失望，但我还是很高兴，因为自己仍然是个胜利者。

学期的最后一天来到了，我提着装着鸡的柳条箱，心里有一种成功的喜悦。我吃力地提着那只大箱子，向 5 个街区外的家走去。哥哥两次过来要帮我，但都被我拒绝了。这是我的鸡，我的成就，我要自己把它带回家。

在以后几年的小学时光里，哥哥和我一直养着洛基和一群从孵化场买来的鸡。我们住在一个小城市里，当地官员从来没有来说过不让我们养鸡。

自信心的消长就像一条河流，它不会总是处在高水位。有时，你觉得自己能应付任何发生的事情；而另外一些时候，连起床似乎都成了你一件大事。孩子跟你也有同样的情况。

在那些较为艰难的日子里，让自己去回想曾经的美好时光，回想自己克服了困难的时刻，将对你大有帮助。当自信心低落时，这样的时刻能为你提供继续前进的力量。

我从来没有忘记过洛基，没有忘记我靠着自己的力量把它带回家的那一天。这是一段有关努力和成功的记忆，直到今天，这段记忆还能给予我自信和激励。当我不得不做一件艰难的事情时，当我害怕时，我就会想起洛基和那只柳条箱，尽管它们与眼前的情况毫不相干，我会因此深吸一口气，并在心里告诉自己："我能行！"

这是每一个孩子都需要的，这种经历传达出的信息是：我能行。在我们的生活中，我们都需要这样的"洛基"。

自信练习

为孩子设计建立自信的体验活动是一个挑战。这些活动必须足够小，以便孩子能够处理；还要足够大，以鼓励孩子的成长；还必须足够容易，以便家长们能够参与。

当孩子还小时，不需要用重大活动帮他们赢得自信，小活动就能带来大影响。你可以用家里的日常用品来开始这些活动，比如，电话或者电视机。

电话和手机就是让孩子进行自信练习的理想工具。年龄小的孩子可以给祖母或朋友打电话，作为接触社会并获得谈话技巧的早期练习。年龄大一点的孩子可以用电话聊天，但也可以用电话提供并获得一些具体的信息。

下面有三个活动，都要用到电话，适合于处在不同成长阶段的各个年龄孩子的需要和能力。

打电话时间 ■ 年龄：4~6 岁

■ 阅读
■ 顺序练习
■ 听从指令

这个活动需要一部电话、几张正方形小纸片和一支蜡笔或铅笔。

把家里的电话号码告诉孩子，或指给孩子看；在指每一个数字时，你要大声念出来。

在每一张纸片上，写下一个数字。现在，向孩子演示一下如何按照电话号码的顺序（从左到右）把纸片排列起来。让孩子根据排列起来的纸片大声念出电话号码。如果有必要，你可以帮助一下。

接着，把纸片混在一起，让孩子按照电话号码的顺序将纸片排列起来。首先，让孩子看着电话号码摆放；然后，尝试不看电话号码摆放。现在，让孩子在一张大纸上按照从左到右的顺序写下电话号码。你或许想把孩子写下的这张电话号码贴出来，让所有人看到并欣赏。

当你和孩子在外面时，让孩子拨家里的电话。如果有人在家，就会让孩子获得一种与人联络的满足感。

求助电话 ■ 年龄：6~9岁

- ■ 写作
- ■ 组织信息

这个活动能帮助孩子学会使用电话报告紧急情况。当孩子独自在家时，这尤其重要。你需要一本电话号码薄、一部电话、记号笔和纸。

让孩子从电话号码薄中找出火警、救援、报警电话，这通常列在电话号码薄的首页上。

如果你还没有电话号码薄，可以按照下面这份表格的格式做一个重要电话号码表。与孩子一起填写这份表格并放在电话旁边。

紧急情况：110

火警：＿＿＿＿＿＿＿＿＿＿＿＿＿＿＿＿＿

报警：＿＿＿＿＿＿＿＿＿＿＿＿＿＿＿＿＿

朋友或邻居：＿＿＿＿＿＿＿＿＿＿＿＿＿

爸爸单位：＿＿＿＿＿＿＿＿＿＿＿＿＿＿

妈妈单位：＿＿＿＿＿＿＿＿＿＿＿＿＿＿

然后，逐一向孩子解释报告紧急情况时在电话里应该怎么说。例如：家里有人受伤了；闻到烟味或看到火苗了。在做这个练习时，一定要确保电话处于拨不出去的状态。（有关安全的各种活动，详见第 10 章）

搜集信息 ■ 年龄：10~12 岁

- ■ 学习能力
- ■ 提问题
- ■ 进行研究

电话能让孩子练习获取所需信息的能力，例如，一部电影什么时候上演、图书馆什么时候闭馆等。这个活动需要一部电话、一本电话号码薄（或者能上网查资料的电脑）和一份报纸。

假设你们家准备买一大件商品，例如一台洗衣机。可以让孩子查看至少两条报纸广告，然后打电话给销售人员，以获得更多信息。例如：有什么保修条款？洗衣机什么时候能送到？要让孩子给至少两家商店打电话，并对这些问题的回答作出比较。

或者你们家正在计划一次出游：在出发之前，你们需要一些信息。让孩子在周围找一个玩的地方，并通过打电话查询公共汽车线路，搞清如何到达那里，需要花多长时间以及多少钱。拿起电话询问这些问题或许算不上是一个勇敢行为，但这确实需要很大勇气，而且有助于建立自信。

我们身边到处都有培养自信的"工具"。以自行车为例。对于小孩子来说，这事关学会如何骑在上面而不掉下来；而对于年龄稍大些的孩子来说，这是一种上学或者运一箱从商店买回来的牛奶的交通工具。除此之外，它还可以是参加一场自行车比赛的练习工具。

跟电视机打交道

想想电视机。孩子首先要学会的是打开电视机。第二步是搞清楚看什么节目。之后，让孩子自己关掉电视机则成了对孩子自信心的一个考验。

多数家庭的认识都很正确：孩子确实应该少看电视。今天的孩子是电视的超级观众，他们每天通过电视来学习和娱乐。

一个有效利用电视的方法，能够帮助孩子从中得到最大的益处，而又避免出现极端情况：孩子每天看电视6个小时，而父母们因为害怕孩子成瘾而完全禁止孩子看电视。

根本不看电视的家庭很罕见，但确实有。这实际上常常是由于父母们对自己在电视机前的表现没有信心，害怕自己一旦把电视打开，就不想把它关掉。让孩子随意看电视和完全剥夺他们看电视的权力都是不公平的。

减少看电视的时间是一个好想法，但也是最难以付诸于行动的。下面是一些与电视相关的活动，能帮助孩子表现得越来越自信——能够管理和控制环境。

电视收看规定　　■　年龄：4~8岁

■　阅读
■　分析数据
■　发展讨论技巧

这个活动让全家人参与决定电视节目的选择。你需要一份电视节目表和一支记号笔。

全家人要一起决定每个人看多长时间的电视。与孩子一起大声地念电视节目表；问问每个人想看什么节目；说说你对自己喜欢的节目的看法；把你选择的节目圈起来。孩子需要听听你的判断，这有助于他们形成用批判性眼光看问题的能力。

大家一起制订一个收看规定。如果孩子现在每天看电视4小时，那可以在第一个星期把这个时间减到每天3个小时，第二个星期减到每天2个小时，等等。

让孩子考虑安排自己看电视的时间。每一个家庭都要制定出自己家的计划。

下面是一个家庭的例子。父母规定了每天看电视的时间上限：每天 1~2 个小时（家长鼓励孩子看的教育专题节目可以例外），孩子可以选择看什么节目，而且最晚不超过晚上 8 点。

即使这个规定不会一直管用，但至少能起到一定作用。这能使全家人更清楚地知道大家在电视机前花了多少时间。仅仅知道这个通常会超出我们预料的时间，就足以改变我们看电视的一些习惯了。

控制看电视　　■　任何年龄

■　写作
■　记住细节

电视收看计划

日期	时间	节目名称	谁看？

这个活动实际上是要让孩子遵守家庭的电视收看规定。你需要一台电视机、一份电视节目表、一支笔、一张纸和一把尺子。

开始时，要一起看看电视节目表，每个人自己选出或跟大家一同选出要看的节目。然后，制作一个上面那样的表。可以复印几份备用。

每个人将自己要看的节目、日期和时间填到表里。还不会写字的孩子由家长替他们填上。把这个表贴在靠近电视机的某个地方，用细绳把一支笔跟表绑在一起。看完节目后，填写"谁看？"这一项。这样，就能够很容易知道谁选择什么节目来看。

对于遵守电视收看规定超过三天的人应给予奖励，可以是全家野餐，或者是看一场棒球比赛。

控制看电视时间　■　任何年龄

■　写作
■　讨论想法
■　制定计划

这个活动能帮助全家人继续努力控制看电视的时间。你需要一份电视节目表和几支记号笔。

全家人一起聊聊各自的兴趣和爱好：滑冰？集邮？烹饪？第一个星期时，看看电视节目表，找出与这些兴趣和爱好有关的节目。圈出全家人决定一起要看的节目。孩子用一种颜色的记号笔圈出他们的节目，大人用另一种颜色的记号笔圈出自己爱看的节目。

如果有人在看完一个节目后对一个新内容产生了兴趣，要想办法找出与之相关的更多信息。例如：如果该节目是有关计算机的，就要在报纸和杂志上找找有关计算机的文章。

不必把电视看成让人害怕或者避之唯恐不及的鬼怪。类似于上面这样的活动能使电视成为孩子的一种资源。

从事到人

在成长过程中，孩子必须学会管理事务并与人合作。自信来自于这两者。在下面的活动中，孩子能对家人和自己有更多的了解，还可以学会更喜欢家人。

许多孩子在成长过程中，都会经历一段以家人为耻的时期。有些孩子甚至终身都摆脱不掉这种心理。在妈妈打扮不当或者爸爸总是说错话时，这种由家人引起的尴

> **来自伊利诺斯……**
> "孩子在我们回到家之前看电视新闻；吃晚饭的时候，他们告诉我们发生了什么事。他们现在对国家大事更感兴趣，不再只为了娱乐而去看电视。"

尬或许是孩子成人仪式的一个正常阶段。当孩子希望自己与别的孩子一样时，他们的父母或许会因为带有"可笑的口音"或者没多少钱而显得与众不同。这种"耻辱"给父母和孩子都会造成许多痛苦。我们可能没有完全化解的办法。但是，我相信，如果孩子能对父母有更多的了解，就会使这种情况得到改善。

我的父母已经去世将近 50 年了。他们在墙上的照片中看着我。但是，我对他们在我成年之前的生活知道得很少。他们从欧洲来到这个新大陆，开创新生活。我只记得他们自己语言里的一些词语，但对他们的早年生活一无所知。

我遗憾的是，没有跟他们谈过他们的过去。我没有认识到一起谈谈这些事有多么重要，他们也没有认识到。对于我自己的孩子，我努力不犯同样的错误。

我很好，我的家人也很好

孩子很愿意更多地知道一些自己的情况。父母们也喜欢这个活动，因为它不仅能帮助孩子认真地想想自己，而且还能让全家人开怀大笑。这有助于家人记住那些似乎只存在于回忆中的有趣时光。比如，大鱼拖着钓竿跑掉了，或者朋友被邀请在一个不是生日的日子来参加生日聚会。

我的重要性　　■　年龄：4~9 岁

■　**阅读**

■　**句子和图片配对**

■　**利用图片线索**

这个活动能帮助孩子形成对自己以及自己的兴趣爱好的自豪感。给孩子的任务是做一幅"我"的海报。你需要记号笔、海报纸板或一张大纸、剪刀、胶水和旧杂志上的图片。如果可能的话，还有照片。

和孩子一起翻翻杂志，找出孩子喜欢的东西的图片，比如宠物、食物和衣服。剪下这些图片，用胶水贴在一大张纸上。杂志图片固然很好，但如果你还有快照，也可以用上。

一定要在上面写几句话。孩子或许会写上："看看我 4 岁了!""看看我哥哥的照片!"父母可以加上："这是一件漂亮的衣服。"或"看看我们捕到的鱼。"

你们可能想轮流做出家里其他人的海报。可以把家里其他人画出来，并在房间里展示出来。

可以把海报挂在一个都能看到并欣赏的地方。类似这样的一个活动是在向孩子说："你是特别的，你的家人知道这一点。"

全家福　　■　年龄：4~9 岁

- ■　阅读
- ■　利用具有视觉效果的物件进行构建
- ■　了解关系

这能让孩子产生更强的家庭意识，并能从为家里制作一件艺术品中得到快乐。你需要一个衣架、家人的一些照片或画像、彩色美术纸、胶水、剪刀和一些纱线。

把家人的图片贴在一张张彩色美术纸上，在每一张纸的顶部剪出一个小洞，将一根纱线穿进洞中。把这些贴着图片的美术纸系在衣架上。

你瞧，你有了一个可以欣赏和聊聊的全家福。

现在和那时　　■　年龄：10~12 岁

- ■　写作
- ■　听和说
- ■　组织信息

这个活动能让几代人聚在一起聊聊，尤其是聊聊早年的事。每个人曾经都是孩子。这是一个分享记忆的方法。

在这个活动中，孩子和父母或者祖父母一起制作一条时间线。这是回忆生活中的某些时刻的一种方法。

你需要一卷抽屉衬纸或者大包装纸、铅笔、蜡笔和一把尺子。

要和孩子一起决定从什么时候开始制作时间线。可以从出生、上学或者其他一些特别的时候开始。要确定好在纸上为每一年留出多少长度。每年3厘米还是10厘米？你和孩子要各画一条线。

现在，要努力回忆。5岁时有什么特别的事情？你是在哪一年上的幼儿园？当时你的父母有什么特别的事情？他们生活的地方有幼儿园吗？你们都有宠物吗？是什么宠物？把你和孩子经历的事情写在年份旁。如果你回忆不起来所有的事，就把能想起来的填上。

下面是一个非常简单的时间线的例子，能让你知道时间线看起来什么样。

然后，与孩子聊聊这些事情，比较一下，谈谈不同之处。例如，在我的一生中，从来没有经历过像我的父母在决定移民到一个未知的国家时那么重大的决定。

	孩子	家长
5岁	我开始上幼儿园	？
6岁	我有了一条狗	我开始上学
7岁	我看了马戏表演	？
8岁	我加入了童子军	我有了一只兔子

不用时间线就能收获记忆的一个方法，是让孩子去问祖父母或其他经历过各个时期的亲戚。可以让孩子把聊的内容录下来。

这些活动提供了一个开始交谈的框架，能帮我们打开自己的感情世界以及将一家人联结在一起的纽带。

做对了什么？■ 年龄：10~12岁

■ 写作
■ 搜集和利用信息
我们中的许多人花费很多时间告诉彼此对方做错了什么。下面这个活动帮助我们关注自己做对了什么。

和孩子一起想想你喜欢的自己具有的至少两个优点，并写下来。例如："我有良好的幽默感。我喜欢与别人分享。"

谈谈别人说他们喜欢你什么。

和孩子一起想出一些能让你和孩子感到很自豪并能在家里做的事情或活动。例如：修理家里的东西、为家人做一个特别的菜、教家人玩一个新游戏。

最重要的是，每天都要找出时间来倾听孩子。即使开车去商店的时间也可以是很好的交谈时间。每天都要规定一个时间，哪怕只有几分钟，谈谈当天发生的事情。

孩子有时需要说说他们的秘密或者问一些困扰着他们的问题。如果你能在孩子小的时候倾听他们，他们才可能在长大后继续与你交流。

这需要勇气

就像有句谚语所说，"赚钱需要钱"，我们也可以说："获得勇气需要勇气。"为了向孩子表明如何做到有勇气，就需要家长的勇气，或者至少要能控制住恐惧。

我们要让孩子小心，但不能让他们害怕。如何才能做到这一点呢？应该如何帮助孩子小心但又不害怕呢？

你可以在街上等红绿灯时做到这一点；在海滩躲避大浪时做到这一点；在篮球场边向你的孩子大喊让他来个漂亮的投篮时做到这一点。

你可以通过一点一点地示范教给孩子，让他们考验自己——先让他们骑自行车到街角，然后让他们绕着街区骑，然后去商店，然后出城旅行。这样，你就能够逐渐培养孩子具有一种既勇敢又小心的能力。

我有恐高症。当我的孩子在游乐场爬到大滑梯顶上时，我的第一反应是大喊："停下！下来！你们会弄伤自己的！"她们在高高的地方玩得很高兴。我被吓呆了。我过了好一阵才鼓起勇气，让她们要勇敢，不要受到我的恐惧的影响。即使我不勇敢，她们也要勇敢。

> **来自得克萨斯……**
>
> "我试图鼓励我的孩子，而不是跟他们说'你应该更加努力地去试'，因为，有时他们已经试了，而且努力地去试了，但仍旧不能得到好的结果。他们需要知道自己应该继续走下去，即使这很艰难，即使他们失败了。这是你能够赢的惟一途径。"

看看彼得的例子。作为一个高中三年级的学生和一个驾龄不到一年的司机，彼得问他父亲，他是否可以借车带两个朋友去海滩玩一天，这个海滩是他以前没有开车去过的，并且需要3小时车程。他的爸爸很担心，实际上是很害怕。但他知道，他的儿子是一个负责任的人，而且是一个好司机。父亲同意了，但给儿子规定了回家的时间，并告诉他在紧急情况下应该怎么做。爸爸有些不情愿，甚至有点害怕，但他知道自己必须放手。后来，彼得安全地到达了目的地。他打了几个电话回家，问既然已经来到了海滩，能否在那儿过夜。这个要求被拒绝了。儿子很晚才回到家，但非常高兴。爸爸也为自己感到高兴。

自信和期望

几年以前，在加利福尼亚州进行的一项研究表明，当人们对"普通"学生有更高的期望时，他们就能超越自己。

研究人员测试了一所学校学生的学习潜力。他们没有把测试结果告诉老师。然后，他们把测试结果抛在一边，把学生随机分成两组。他们告诉老师们，其中一组学生是"迟开的花"，他们的学习潜力将在当年发挥出来。

在当年年底，"潜力"变成了现实。这组学生与同班的其他同学相比并不具有特别的天分，但他们的老师期待他们成功，他们就成功了。这些孩子从老师那里得到了能使他们建立起自信的信息。

作为成年人，我们知道什么能让自己感到自信。当我们看到自己做事时，看到自己取得成就时，看到自己采取行动并促使某件事产生好的结果时，我们就会感到自信。并不是每一件事都能成功，但我们知道，如果我们不去尝试，任何事都不会成功。

这就是孩子的学习方式——尝试。当他们尝试的时候，他们就建立起自信。告诉孩子他们很棒，这很好，但这还不够。当孩子——也包括成年人——将自己看作是能做事的人时，他们就能培养出做更多事情的能力。

活动提示

与孩子分享我们的经历

没有任何一个人能在任何时候都自信。但孩子们仍然会认为别人都比他们自信，认为别人——尤其是自己的父母——从来没有害怕过或者体验过失去自信的痛苦。

这就是与孩子分享你的经历为什么如此重要的原因。你既要跟孩子谈谈你在童年时感到自信的那些时刻，比如感到自己能从高高的跳水板上跳入水中或能在数学考试中得 A 的时候；又要告诉孩子你感到不太自信的那些时刻，比如你不敢当着全班同学的面发言，或者你在超市结账时发现自己现金不够而不得不把一些商品放回去。

要把这些告诉孩子。要尽可能多地分享你能记住的往事。

引出话题：害羞的孩子

要专注于一个具体的问题。例如，我刚上学时，不敢在班里说话。我觉得自己当时是害怕说错。

所以，我不举手回答问题，是一个待在角落里的沉默小女孩。只有在老师叫到我时，我才开口说话。

当我把这件事告诉自己的孩子时，她们都很惊讶（我现在很能说），并非常同情我。

接着，她们开始谈自己在自信方面的经历——什么时候自信，什么时候不自信。这样，我知道了：9 岁的大女儿尽管是班里的优等生，但在学校结交朋友时遇到了困难；6 岁的小女儿花很多时间与朋友们在一起，以至于用在功课上的时间太少了。这给了我们一个互相鼓励的交谈机会。

转到更重要的问题上

在与孩子的交谈中，很容易从这些具体的事情将交谈引向更大的问题上：

◎什么事情让人害怕？

◎我们的交谈对我们的自信心有影响吗？

◎我们喜欢接受什么样的赞扬？

◎我们怎样帮助对方感到更加自信？

这样的问题有很多。可以按照这个方式将谈话进行下去。从谈你自己的经历开始，鼓励孩子说出他们的经历。然后，将话题引到这些会持续影响我们一生的大问题上。

"大能力" 时刻

■ 有些孩子从来没有感到自己做的什么事足够好。

在你们家里是否经常感到没有一件事做得足够好？这是自我拆台。检查一下，看看你的家人是如何看待成功的。

同孩子一起努力做一些让别人认同自己的成就的事情。他们对自己的成功感到自豪吗？

应该对成功感觉良好。要避免这些常见的泼冷水的话："哦，你可以做得更好一点"，或者"什么，还没有完成？"孩子，也包括成年人，需要永远抱有"我能行"的态度。

对于家长而言，告诉自己的孩子说他们很能干是很重要的。然而，要感到真正的自信，孩子需要获得机会来体验自己的成功。

这些体验应该足够小，以便孩子能够处理，也要足够大，以便孩子能够真正感到"我能行！"

例如，可以让孩子帮你做饭。给孩子一些"真正的事情"去做——打鸡蛋、调酱汁。要问问孩子如何把食物做得更特别一些。关键是要让孩子尽早参与。

■　父母也有感受。孩子需要知道你——一个成年人——也有需要。你需要赞扬、鼓励和爱。要让孩子知道，当你受到批评、羞辱时，你也会像他们一样感到伤心。

要让你和孩子形成这样说话的习惯："干得好！""就这么干！""真棒！"父母也有权利感觉良好。

■　要鼓励孩子从别人的角度看待问题。如果对方是老师，在某些情况下会怎么做？如果是父亲呢？如果是母亲呢？换位思考会让孩子知道别人对事情的看法。

第 *2* 章

积极性

我要做

伴随一生的评语

在学校的评语
朱丽叶是一个积极进取的学
生，对学习感到很兴奋。
她几乎在每次课上都举手
提问。

在工作中的评语
布鲁克小姐看上去总是提前
考虑问题，提前作计划。
对于要完成的工作，她能激
发同事们的热情，并且能起
到领导作用。

如果孩子有积极性，就会表现出：

孩子想做事情，想学习；

不用太多唠叨，孩子就能做作业和家务；

孩子会为第二天、下个星期作好计划；

他们说"是"远远多于说"不"。

本章中的活动能够帮助孩子形成自律意识，这对于保持积极性、克服气馁、面对竞争和挑战都是必需的。

◎ 如何把一件事情分解成容易做的"小事"

◎ 如何确定并遵守完成一件事情的时间限制

◎ 如何在出色地完成一件事情后鼓励自己

前几天，报纸上刊登了一个爬上富士山的 91 岁妇女的照片。

这就是我所说的积极性。报纸引述她的话说："当你有了一个目标之后，你会感觉良好。你需要目标。"没错！但是，你有目标吗，不论你是 9 岁还是 90 岁？用什么来应对竞争，应对失败，应对到来的一切？

我相信，这需要构成积极性的一种特殊成分，那就是克服失望、继续前进的能力。

心态太重要了。智商高达 160 的孩子可能不学习，或得不到好分数；而那些坚持不懈的孩子却能考出好成绩，并能完成那些天赋极高的孩子做不成的事情。每一个老师身边都有这种现实中的龟兔赛跑的故事。

在看电视中的体育比赛时，当我看到选手们互相击掌打气时，我就想："啊，这些选手积极性真高。"然后，我会想到自己这么多年来教过的学生：有些孩子有积极性，有些孩子似乎根本就推不动。

人们怎么才会有积极性呢？我认为这与一种兴奋感、一种有一件事情让自己前进的感觉有关，这种感觉使

来自得克萨斯……

"5 年前，当我去杂货店买东西的时候，我 9 岁的儿子，寻找一切借口不去。他不想去。我说：'我们去商店的时候你负责保管优惠券，我将把优惠券省下来的钱数的一半给你。'他问道：'我必须去把优惠券找出来吗？'我说：'是的，你必须去找。'

"于是，他开始行动起来。他拿出优惠券，得到了我们所节省下来的钱数的一半。后来，他想学习挑选优质水果和蔬菜的方法。然后他让我把购物单交给他。他找到了需要购买的东西。在我应该把节省的钱数的一半交给他的时候，他说：'不，我一分钱都不要。'现在，他想做的是帮助别人。"

得我们对自己说"我要对此了解更多"或"我要把这件事做得更好"。

当然，我们无法代替孩子兴奋，但他们可以感受到我们或他们周围的人的激情。我们知道，孩子容易兴奋，他们可以为新的音乐、服装和电影发狂。我们需要的是，找到帮助他们对于培养一种新能力感到兴奋的方法，这种能力要像一只好股票一样具有增长的潜力。我们都需要有自己喜欢学的东西。我们没必要等自己的孩子成了早熟的数学或象棋天才才感到兴奋，而且兴奋的程度也不必像篝火那样猛烈。像一堆慢慢燃烧的小火就行。

一个办法就是与孩子分享让我们自己感到兴奋的事情。这可以是滑雪、烹饪、远足或小故事——随便什么能让我们兴奋的事情。

> 旺达，现在是一名会计，她回忆起自己是如何与数字打上交道的。小时候，她卖糖果给邻居和同班同学。妈妈给了她一些大的分类帐帐页，告诉她如何填写，这样她就能记录自己糖果买卖的收入和支出情况。旺达很喜欢这个。在有了零用钱之后，她能够利用分类帐帐页说出自己花了多少钱、余下多少钱。她的妹妹不会这个，她的这个优势可能增加了她的兴奋感。她觉得自己在这方面比别人特别的厉害。
>
> 多年以后，当她接受职业选择测试时，她了解到一个她曾经怀疑过的事实，测试的结果是："金融、银行或会计。"她认为，这一切是从自己喜欢填写的分类帐帐页开始的。
>
> 这是一个有关优势的美妙故事。但对于我们多数人来说，事情并不是这样。我们必须经历相当多的兴奋体验才能找出一件或两件推动自己进取的事情。

如果我们对任何事情都不兴奋（只要我们还活着，这就不太可能），就让我们去找到处于兴奋状态的人，并且把孩子放到他们身边。这些人可能是会干木工活、会做衣服的邻居，酷爱钓鱼的叔叔，或者是真正从平衡账目中得到乐趣的会计。

"教练式" 激励

老师和家长就像运动场上的教练——鼓励、敦促，有时甚至逼迫。孩子必须形成自己的方向感，但我们可以给他们示范一些点燃激情的方法。

本章提供的活动能帮助孩子激发并支配这种积极性，使其绵延不绝，就像那位 91 岁的爬山者一样。

战胜厌倦

孩子天生就有积极性，而不是厌倦的。他们怀着渴望来到这个世界，渴望接触、观看和触摸——而这也是我们希望他们保持下去的。

推开门，就有一个令人欣喜的世界在等着孩子，即使对那些痛苦地抱怨"没有什么事情可做"的孩子来讲，情况也是如此。我们不必做一些异乎寻常的事情来使孩子激动。下面活动的例子验证了一句古谚："你所要做的就是看。"这些活动能帮助孩子（还有大人）用新眼光来看世界。

就在外面 ■ 任何年龄

■ 思考
■ 积累阅读和写作经验

在孩子还小时，你就要开始告诉他们并带他们去发现这个世界的欢乐和神秘：在黄昏中散步，在小雨中漫步，要和孩子谈谈你们的感觉和感受；你们还可以一起熬夜看月亮升起；某天早点起床一起看日出；用放大镜观察那些让小孩子迷恋的小东西；听风声和鸟儿歌唱；闻闻雨水和壁炉中燃烧着的木头的味道。

对于一个科学家或诗人来说，观察与利用感觉是至关重要的。

逛购物中心 ■ 年龄：4~7岁

■ 思考
■ 积累经验

大多数时候，我们都是拽着孩子匆匆忙忙地购物。尝试一下带孩子一起去购物中心闲逛，不要有其他目的，只是让孩子看看当地商场的后台运作情况。走进花店，看看装饰花的制作；如果允许，再去超级市场的"后台"看看，后台是储存商品、切砍肉类的地方……是让商场看起来像那么回事的地方。

一旁观察 ■ 年龄：4~7岁

■ 思考
■ 积累经验

观察建筑工地、机场、火车站或者你自己工作场所的人们的工作，有许多可看并值得了解的地方。

看、听并和孩子谈谈你们看到的。你们看见有多少种工作在做？你看到工人使用工具了吗？什么工具？有人在看规划资料和设计图吗？他们相互在说什么？他们的服装什么样？他们看起来相处融洽吗？谁是头儿？你怎么看出来的？

当孩子看到别人工作时，他们就熟悉了工作是什么，以及自己长大后可能喜欢做什么。

最幸福、最激励人心的时刻，是父母和孩子坐在一起谈谈一起看到的事情。

当地法律 ■ 年龄：8~12岁

■ 社会研究
■ 观察法律的实施

律师并不仅仅出现在电视上。每家法院都始终在向人们显示着正在实施的法律。而且，法庭也经常对公众开放。

先与法院的新闻办公室联系，看看安排了哪些案子的审理，各个案件处于什么阶段，是否有陪审团，等等。在去之前，要与孩子谈谈他们将看到什么，包括法庭本身、法官、陪审团、双方的律师和证人。看看正在开庭的法庭，对每个人来说都是一件开眼界的事情。

四处走走　■　年龄：8~12 岁

■　社会研究

■　作出预测并检验

学会不开车四处走走，是很有价值的一课。要收集开往城市附近某一个地方的公共汽车路线图和运行时刻表。让孩子利用运行时刻表搞清楚可以坐什么车、需要多少时间、花费多少费用。目的地可以是城市中心的一家图书馆、一家电影院或者公园。一旦找到最经济、最快捷的方法，就让孩子亲身检验一下。如果可能的话，就让孩子自己去，或与全家一起旅行。

让孩子珍惜家里的汽车为其提供的服务的最简捷的方式之一，就是让他们乘坐公共交通工具。

接触具有异国风情的地方　■　任何年龄

■　社会研究

■　理解多样性

参观你所在社区的外国餐厅和商店。你不必买那些别致的食物或昂贵的纪念品，只需给孩子提供浏览、吃甜点和购买明信片的时间。

当你参观诸如纽约或旧金山那样的大城市时，一定要带孩子去那些具有民族特色的地方走一走，例如唐人街、小意大利或下东区。

即使你所在的城市没有这种具有异国风情的地方，也许会有西班牙商店或者一个老式的熟食店。在熟食店买一个黑麦面包，既能教给孩子一些东西，又有营养。

所有这些活动都能给孩子提供丰富的经历，以及能够愉悦、刺激孩子的视觉和味觉的各种体验。现在，该让孩子从"看"转向"做"了。

唠叨以外

我们如何让别人做事？体育界的人说他们通过激励（效仿英雄人物）和竞争（击败其他人）。老师利用分数。雇主依靠工资。家长们依靠什么呢？

我真希望唠叨能管用，因为唠叨很容易。但是，像其他数以百万计的家长一样，我发现唠叨只能起到与你的初衷相反的作用。唠叨的结果只会是孩子不做事情。相反，减少唠叨却可以起到激励作用，并且对家长和孩子都管用。下面是一个减少唠叨的活动，因为它减少了说话。

这个活动利用便条——以文字和图画的形式——作为提示。我真希望我在自己的孩子小的时候就想到了这个办法。她们说，我非常爱唠叨，如果我对她们少唠叨一点，她们可能会更有积极性。

不要唠叨，要写下来　■　年龄：7~12 岁

■　交流

■　为了一个目的而写

作为练习，宣布 5 分钟之内不许说话，而要传送便条。可以在吃早餐时试验这个方法。写一些"请把烤面包递给我"、"能给我午饭钱吗？"之类的短信息。如果你喜欢这个方法所带来的宁静，可以想办法延长这个时间，而且在其他时间也这样做。

可以问孩子："我经常唠叨什么事情？"孩子可能会说"打扫你的房间"或"练钢琴"。

孩子也爱唠叨。要让他们知道自己爱唠叨什么。孩子唠叨的可能是要冰激凌，也可能是要用家里的汽车。

要至少选择一个对于你和孩子来说都很重要的、常被唠叨的问题，要相互保证不唠叨，而代之以传送提醒便条。

可以找一个地方专门写这些提醒。在厨房或客厅中放一个公

告牌，是个不错的主意。或者，可以把提醒便条贴在屋里的某个地方：浴室里，楼梯上，或者其他能够被看到的地方。放在枕头上的便条几乎总是很管用！

一周之后，看看便条是否有效果。如果有，你可能想要继续写下去，并降低你说话的嗓门。

让孩子形成积极的习惯

积极性的培养可以从一些小事做起。下面这些活动能鼓励孩子，并使他们保持积极性。

迈出第一步　■　任何年龄

■　思考
■　建立记忆

中国有句古话讲得很对："万事开头难。"在做有些事情时，第一步可能是最难的。

我们要让孩子习惯于迈出那些非常重要的第一步。他们需要认可自己的第一步。一个办法是跟他们谈谈我们的第一步：第一天、第一份工作。如果你还记得起来，就跟孩子讲讲你上学第一天的情况，或者任何你觉得自己可以跟孩子讲讲的第一次。你不必是第一次尝试就成功的人。如果第一次尝试没成功，或许会更好。关键在于你要尝试。

> ### 来自特拉华……
> "我更加留意女儿身上发生的一切。我们一起观察事情。以前，我不肯给她机会。现在，做饭时，我说：'你来做吧，你自己试试。'我以前从来没有这样做过。"

让孩子把自己记得的第一次告诉你。或许是上学的第一天，或许是他们第一次得到的考试分数，或许是第一次尝试骑自行车，或许是第一次尝试游泳。

迈出第一步是很难的。我们经常会说："噢，加油，那很容易。"但实际上并不容易。我们激励孩子的目的是为了帮助他们具有迈出更多的第一步的乐观精神和勇气。这是我们必须教给孩子的，而教的一个方法就是把我们的经历告诉孩子。

在做一件事情之前，孩子通常会一遍又一遍地问：要花多长时间？我应该做什么？

下面这些活动，有助于回答这些问题。

给我计时 ■ 年龄：4~6岁

■ 数学
■ 估算练习

这个活动会帮助孩子更好地理解"几秒钟"和"几分钟"的区别。你需要一个有秒针的时钟或手表。

让孩子看秒针5秒钟。要和孩子一起数完5秒。再次计时，看看孩子在5秒钟内能拍多少次手。现在，让孩子看时钟1分钟，然后再次计时，看看你们两个能在1分钟内数多少个数；一起看5分钟书。你们看了多少页？屏住呼吸5秒钟，让孩子为你计时。然后，你和孩子交换角色。和孩子一起大声念字母表，并计时；当你们站在街头的时候，一起为交通信号灯计时；为两个电视广告计时，每个广告多长时间？

就像你看到的一样，有许多种方法可以帮助孩子获得对时间的感觉。甚至作为成年人的我们，在确定30秒是一个什么样的概念这一问题上，也常常会有困难。更好的时间感可以帮助我们预计在一天里能完成多少事情——只要我们去尝试。

> **来自加利福尼亚……**
>
> "我的大儿子不想做家庭作业，他要我这个妈妈帮他去做，他已经8岁了。我告诉他：'我们来比赛吧。'我把他作业中的每个单词写10遍，而他必须把每个单词写3遍。我们利用他的家庭作业设计出一个游戏，并且计算时间。他非常喜欢这个游戏。我们争先恐后，要看看谁最先完成任务。"

告诉我 ■ 年龄：4~9 岁

- ■ 交流
- ■ 倾听技能
- ■ 服从指令

低年级的老师们告诉我们，孩子们在倾听上会遇到一些问题。也许这是他们受到了电视上同时出现的那么多信息狂轰乱炸的结果。下面这个简单的活动，有助于孩子从繁杂、喧闹的环境中跳出来。

想想孩子能在家里做的一件实实在在的事情，可以是布置餐桌、倒垃圾、取报纸和晾衣服。想出3~4条对这件事情的指令，要求孩子在你说出这些指令时仔细地听。例如："拿出 4 把叉子、4 把餐刀和 4 个汤匙；把它们放在餐桌上的 4 套餐具里边，叉子放左边，刀和汤匙放右边。"

让孩子给你发出指令。指令的复杂程度，取决于你和孩子的需要。

加上笔和纸，就可以把这个活动变成一个"写和做"的活动。要写下指令，而不是说出来。然后，让孩子给你写出一套指令。

把一件东西藏起来，并给出如何找到它的指令。例如："向前走两步，向右转，向后退三步。"然后，让孩子把一件东西藏起来让你找。

作为一项特殊的活动，可以安排一次户外寻宝。准备一份列出诸如小石子、树枝、绿色或红色树叶等物品的清单；给孩子一个用来装东西的纸袋子；记录下找到这些东西所花的时间，就可以把这个活动当成一个游戏。购物时也可以玩这个游戏。在商店，可以让孩子帮助你寻找家里需要的生活用品。

坚　　持

当孩子看到自己可以专注于一项事情并坚持到底时，他们想做更多事情的愿望就会增强。

这座房子乱糟糟　■　任何年龄

■　数学
■　找出做事方法

这个活动真的是不分年龄的。我没见过有人会对打扫房间之类的事情作出喜悦和急切的反应。或许，这是因为我们认为自己必须马上做完所有的事情，但又做不到，因而感到泄气。

正如我们可以把一门课程分成若干个部分一样，打扫房间也可以分成若干部分。这样，这件事情就容易做了。尽管孩子未必会吹着口哨做，但他们确实知道从哪里开始做起了。

对于打扫房间来说，你可以一次打扫一个房间，或一次干一件事，例如擦洗几个房间的窗户。对孩子来说，第一步可以把自己房间里的衣服和玩具收拾好。接下来可以掸掸灰尘，然后用吸尘器打扫。

为了使孩子干起来更愉快，可以与别人一起做，或放点音乐。大家都知道进行曲是很有效的，摇滚乐能让抹布挥动得更快。

要把打扫变成一个游戏。估计一下做这件事情需要多长时间，然后给自己计时。

你可以和孩子做同样的事情。然后比赛一下，看看谁干得最快。

借口毫无意义　■　年龄：7~12岁

■　学习能力
■　观察和作记录

这个活动能让孩子知道：为了做好一件事情，可以把它提前安排好；借口是没有任何意义的——不论是在家里、学校还是在工作中。你需一张纸、笔和一把尺子。

制作一个下午 5 点至就寝时间的日常家务表。让孩子选择做每件家务的时间。把这些时间写在表格上。表格形式如下：

家务	时间	完成
布置餐桌	5：30	_____
做家庭作业	7：30	_____

第二天，孩子要按照表格中的时间干家务，做完之后，在"完成"底下作上确认标记。

跟孩子谈谈他们是否做完了所有的事情。如果没有，他们是确实有理由，还是在找借口？孩子的借口，或许会是因为打球而忘记了布置餐桌。跟孩子谈谈人们会利用借口避免做事情。我们知道自己是在找借口吗？

在家里四处看看，想想有哪些家务需要做。例如：打扫壁橱、整理抽屉、给花园除草。大人会利用什么借口避免干这些家务？（相关活动参见第 3 章中的"一个让孩子做家庭作业的方法"）

鼓　　励

每个家庭都需要想出来选择什么东西作为孩子洗碗或做家庭作业的奖励。孩子需要我们发出信号。他们是因为保持安静还是大声说话，读书还是看电视，遵守规则还是违反规则而受到奖励呢？各个家庭需要有自己的奖励办法。而且，规则要明确，办法要公平且要始终遵守。不论是一件礼物，还是一句赞扬的话和一个吻，奖励都确实是非常甜蜜的。

有一个场景使我明白了奖励的力量。那是一个炎热夏天的星期六，在一家小镇的餐馆里。一个小女孩刚打开门，她的父母在柜台后面忙碌着。这个 8 岁的女孩也很忙。她拿着父母要洗的衣服，从门里走了出来，她脸上的微笑告诉我们："我不厌烦，我很快乐，我在做一件重要的事情。"这是她获得的内在奖励，她父母的赞扬是外在的奖励。

我相信，我们能够帮助孩子明白他们的长处是什么。这会使他们在与别人竞争中对自己感觉更好、更强大。孩子需要能够面对竞争。

为了让自己有竞争力，我们必须愿意努力工作，但是，我们还必须知道自己的独特之处。孩子在学校里的竞争，与橄榄球场上的竞争是不同的。球场上结果要么是赢，

> 每一个孩子都应该了解或者至少应该听一听一些基本竞争原则。要想竞争，你必须输得起。你必须愿意认输，但即使失败了也不要觉得自己是个失败者，必须哪里跌倒哪里站起来。

要么是输。尽管人们谈得最多的是如何打球，但新闻中报道的比赛结果却都是说谁赢了、谁输了。

孩子在学校里赢的方式与球场上不一样，它是以孩子的个人特点为基础的。一个孩子必须要考虑"我有什么特别和不同之处"。与不了解自己的独特优势的孩子相比，那些知道自己优势的孩子在竞争中会处于有利的位置，更可能成功。

对于我们多数人来说，不存在取得一次大胜利就不再需要竞争的情况。每天都有胜利和失败，只有那些能不断竞争、永不丧失勇气的人，才有更多机会成为赢家。

每一场歌舞晚会和橄榄球比赛都会给我们上一堂课。当舞蹈演员在表演过程中摔倒之后，他们会马上站起来接着跳，就好像什么事也没有发生一样；一个没有抓住触地得分机会的橄榄球手也是这样做的。

他们之所以是竞争者，是因为他们始终在竞争，而不是因为他们一直赢。

我们希望自己的孩子成为不断尝试的竞争者。如果他们总是能赢，那当然很好，但这样的事情不会经常发生，即使是大赢家，也做不到这一点。

失败了，但仍然赢

一个成功的会计师讲述过他怎样开始喜欢上体育运动并坚持下去的故事。

在他当教练员时，即使他的队输了——这样的事经常发生——他跟孩子说的也是他们哪些地方做得对。汤姆接住了一个他以前从来接不住的球？斯蒂芬完成了他以前从来做不到的第二垒偷垒？他说，在每一次失败之中都有一些成功之处，他的队员需要知道这一点。

什么使我们与时俱进

我们必须注意，孩子的年龄不同，能够激励他们的事情也不同。在 5 岁时管用的东西，在 10 岁、15 岁或 40 岁时就不会管用了。一个小孩子可能被奖励一颗星所激励；一个大些的孩子可能会被一条牛仔裤所激励。一个 45 岁的妇女告诉我，她每天早上上班前都要驾车将近一个小时到游泳池去游泳，这么做是为了不吃

> "要想成功，我必须感受成功。体育给了我成功感。尽管我是当地占总人数的 10% 体育能力最强的人之一，我的儿子却属于占总人数的 10% 体育能力最差的人当中的一个。但那并不意味着他不能参与体育活动。他喜欢体育运动并且能从中学到东西。为了让他在少年棒球联合会的比赛和足球比赛中取得好成绩，多年来我一直对他进行指导。别的父母一意孤行地想让孩子继续参加更加艰苦的比赛，但我只想让孩子体验成功的感觉。我知道这种感觉给自己带来了什么。妈妈告诉过我：'你能做你想做的任何事情。'这就是我今天的感觉。"

药。她家里的其他人每天早上都要吃大量的药来降低血压。只要她游泳，她的血压就很正常。"我下定决心，不吃药，"她说，"如果有必要，我会去大海里游泳。"

┌─ ─ ─ ─ ─ ─ ─ ─┐
    活动提示
└─ ─ ─ ─ ─ ─ ─ ─┘

与孩子分享我们的经历

我们现在或许比以往任何时候都更加担心孩子的积极性。我们看到很多孩子说他们很无聊。以前，"无聊"常常被认为是青少年才有的问题，但是现在，许多年龄小的孩子也遇到了这个问题。一位老师跟我说过她带一群二年级的学生去参观一个新博物馆。进馆没几分钟，孩子们就来到她面前问："这里就只有这些东西吗？"

这些孩子习惯了在电视和电脑上每隔几秒钟就得到一种新感觉，习惯了从一件事情很快转移到另外一件事情上，难怪他们会觉得无聊。

想要做事有积极性，你要对这件事情了解得足够多并对其有真正的兴趣。这需要对一件事情有深入的了解，也需要时间。

这就是爱好对孩子和成年人都非常重要的原因。如果你在小时候就有一个爱好，或许是制作飞机模型，或许是收集石头，就要告诉孩子，帮助他们培养起一个兴趣爱好。当孩子有了兴趣之后，他们就会搜寻更多的相关信息，就会变得更加投入。当他们更加投入之后，就有了积极性。这是一个不同寻常的循环。

引出话题：有什么新东西

学习是积极性的灵魂。我们一直在学习，但我们通常没有意识到这一点。

想想你上一年、上一周、前一天所学到的东西。例如，你对某个人、工作中的某件新鲜事了解到多少？将对此类事情的想法告诉孩子。

让孩子告诉你一两件从学校"学"到的事情。他们可能会告诉你公告牌上的新内容，或者上学路上看到的事情。这种观察可以成为进一步"学"的跳板。

转到更重要的问题上

孩子可能不知道"积极性"这个词，但是，当他们看到这样的事情时，他们能够识别出来。跟孩子谈谈：什么事情能鼓励他们？什么让他们感到气馁？当他们与某些人在一起、学习某些科目时，他们的积极性更高吗？

没有什么方法能比看到父母对事情都有兴趣了解、对新想法都很兴奋，能更鼓励孩子的积极性了。所以，你接下来想学什么？

"大能力" 时刻

■　要允许并要求孩子表达他们自己的观点。要倾听他们说话，不要打断他们或在他们说的过程中表示不同意见。

晚餐桌上的交谈，能给孩子说话的机会，并且有助于孩子形成自己的观点。

■　那些小时候不被关注、无人倾听的孩子常常需要额外的鼓励才能摆脱沉默寡言和消极的行为方式。

当孩子完成了一件事情之后，你要对他说"很不错"，而不要提及其中微不足道的不足之处。

而当一件事情没有完成时，你要说"你还没有完成"，并解释其中的原因。要给孩子留出把事情做完的余地。孩子完成后，要找出一些地方来给予赞扬。如有必要，可以向孩子示范一下如何完成那件事情。然后，让孩子自己完成。

第 *3* 章

努力
愿意努力做事

伴随一生的评语

在学校的评语
艾丽斯喜欢多做事，并且愿意尝试几乎任何事情。艾丽斯是一个实干家，只要需要，再难的事情她都愿意做。

在工作中的评语
泰勒小姐总是寻找获取新技能和新知识的机会。
她知道只有努力工作才能实现必要的改变。

当我们看到一个人像下面这样做时，我们能看出来他在努力：

医生花时间与我们交谈；

侍者给我们恰如其分的关照；

学生在交作业前把作业检查一遍。

当我们看到一个人像下面这样做时，就能看出来他没有努力：

汽车修理工没有检查各种软管是否系紧了，就让汽车驶出了修理店；

水暖工跟你约好了修水管的时间，到时候却没露面；

学生们的作业潦草得几乎无法辨认。

我们的孩子对努力的价值和工作的快乐有足够的了解吗？我们对学生们是否努力有多少了解？有什么办法可以鼓励他们努力呢？学生们做家庭作业努力吗？家长的作用是什么？本章将对这些问题提供一些答案。

孩子们从哪里知道了只要自己尽可能带着哭腔说"我已经尽力了"，就可以使自己免于努力？

我的这句话听上去很奇怪吗？或许是吧，但我确实厌倦了听那些把工作做得很糟糕的年轻人说："好啦，我已经尽全力了。你还想要我怎么做？"

> 相比较天生的能力而言，你更相信努力，这么做的价值在于你能够帮助孩子做一些事情使他们越来越努力。帮助他们做一些事情来提高他们的能力则是带有偶然性、更加艰难的事情。能力看起来是不可改变的，而努力的程度则是可以改变的。它为改变打开了大门。

在我看来，要做的还很多。我要的不光是成年人在他们面前整天唠叨赞扬的话。我要的是他们竭尽全力，而且，尽管我并不确切知道什么叫竭尽全力，但我知道他们何时没有竭尽全力。

我知道，这听起来非常老套。我建议我们不要再对孩子说："放松些。"这句话就是我所说的"教育污染"。

当我第五次打电话询问我刚刚修好的电脑被送到了哪里时，接电话的女孩告诉我："哦，不在这里。"我说："那么在哪里呢？"她说："我尽力了。"我说："那么，你应该更尽力。"

一个小时后，她来电话说电脑就在她的办公室，她刚才没看见。之前，她没有尽到全力，现在她尽到了。我赞扬了她的努力。我想让她知道什么叫竭尽全力。

不知道什么叫作"努力"或许已经成了当今的一个问题。如果是这样，那就不只是个人问题，而成了一个普遍性的问题。

研究发现，美国学生和日本学生及其母亲们之间存在一个我们称之为"努力差距"的区别。斯坦福大学的研究人员让日本和美国的母亲们对她们孩子的数学成绩加以解释。他们的问题是："为什么你的孩子做得那么好？""为什么你的孩子没有做得更好？"母亲们可以从下列选项中选择答案："能力，努力，运气，学校教育。"两个国家的母亲们选择的答案是很不一样的。

大部分美国母亲选择的是"能力"和"学校教育"。日本母亲们选择的是"努力"。5年级的孩子们与自己母亲的看法一致。美国的孩子们认为，天生的能力是关键；而日本的孩子们说，如果自己的数学成绩不理想，是因为自己没有付出足够的努力。

美国母亲们的回答颇具讽刺意味，因为人们认为美国人相信努力工作从长远来看是有回报的，而不管成功的可能性有多小。而我们的孩子得到的似乎是相反的信息——他们首先需要能力。

我们能够向孩子发出一个让他们努力的信息，并且让孩子愿意听吗？研究表明，我们能。

在得克萨斯，那些在学减法时遇到困难的小学生被分成了A、B、C、D四个组。每个组得到了一套题，需要每个人独自完成。一个助理教师每隔8分钟对A、B、C组进行一次检查。当孩子们做到一个新的部分时，助理教师就给他们作出相应的说明。这个助理教师对A组说："你们一直很努力。"对B组说："你们需要更努力。"对C组什么也不说。

对D组，助理教师在把题目向每个孩子作了说明之后就离开了。

结果表明，告诉孩子们他们一直很努力是非常重要的。A组的孩子实际上比别的组更努力，他们做完的题比其他组多63%，而且在随后的考试中做对的题是以前的3倍。他们还说，自己对考试以及处理将要面对的问题的能力感到更加自信了。

在澳大利亚，一个稍微有点不同的研究显示出了相似的结果。在这项研究中，当孩子们说自己的数学成绩与自己努力与否有关，而不是责备自己的运气或能力时，老师们就对孩子表示祝贺。

这些研究意味着什么呢？意味着我们可以说服孩子作出更多努力，让他们不要害怕，并且我们可以帮助他们看到更多的努力意味着更好的结果。孩子可以有自己的努力标准，而作为父母，我们也可以为孩子设立一个努力的标准。

那么，我们应该怎么做呢？这不是要对孩子进行说教，而是首先要帮助孩子知道什么是努力，以及如何衡量自己是否努力。

了解什么是努力

努力有一些秘密，我们需要让孩子了解。

如果有更多的孩子知道再多付出一点努力就能产生多么大的影响，很多孩子就会作出更大的努力。例如，在同一间办公室，一个秘书在 5 点钟的时候可能会像弹簧一样从椅子上站起身来，而不管还有什么事；而另外一个秘书会问一下当天的事情是否都已经做完了。

后者得到的回答必然是："所有的事情都做完了，谢谢你。"而前者的行为也会被注意到。在考虑加薪时，很可能只有一个人可以加薪。后者就会被要求留任并得到提升，而前者可能会被劝离。

当一个侍者用一个微笑或者一句"一切都好吧？"来让你很开心，而另外一个却对你视而不见时，猜猜谁会得到更多的小费？结果是谁，显而易见。这是努力的结果。

那些正专心致志地学魔术的孩子，那些正不断磨练自己的高尔夫球技或不屈不挠地做填字游戏的成年人，那些一遍又一遍地练习击球的网球爱好者，那些黎明时分就出现在溜冰场的有抱负的花样滑冰运动员，那些直到累倒也不停下脚步的马拉松长跑选手——都是在付出巨大努力的人，而且他们认为自己很快乐，就像娱乐一样。秘密就在于要付出努力。

我们需要让孩子知道这个秘密。我们该怎么做呢？下面有一些建议，可以让你知道如何给孩子提供机会，让他们知道努力是什么，并且自己也要付出努力。

我的一天　■　任何年龄

■　**交流**

■　**讨论和倾听技能**

花时间跟孩子谈谈工作和努力的乐趣。要尽可能具体一些。如果你喜欢自己的工作，那就更好了；如果你只是喜欢工作的一部分，而不是全部，就谈谈你喜欢的那些。要跟孩子讲讲工作中的事情，而且不一定都是让人高兴的事情。即便你一整天的工作都很辛苦，也要把你从中获得的满足感描述一下：你赢得了一个很想赢得的客户；办公室里的复印机或家里的洗衣机出了故障，直到你找出了原因才能用了；一次陷入僵局的会议因为你讲

> 询问孩子一天的情况，让他们在你的引导下说说他们的一些小成就。不一定非得在学校得了 A，这一天才过得愉快。这些小成就可以是：吃午饭时认识的新朋友，在教室里大声讲话，衣柜终于打开因而没误了上体育课的时间。你可以并应该继续列出更多的这种事情。正是孩子认识到的、自身所作出的这些努力，才能够让他们付出更大的努力。

的一个笑话而化解了；你做的备忘录得到了上司的大力赞赏。

这个清单可以一直列下去，而且列的也不一定是什么大事。当然，如果你得到了晋升，也可以自夸一番。但是，要把你在工作中和家里所作出的努力，以及发生的那些能说明付出了努力及其带来的满足感的事情，毫无保留地告诉孩子。

并非所有的问题都能够很快、很容易地得到解决。要让孩子们了解你遇到的挫折。这些事情或许是汽车没修好、邮件发不出

去、电话坏了、会议没开成、公共汽车没准点等等。

但是，在跟孩子说你遇到的问题时，要尽量说说你是怎么做的或孩子认为怎么做能使问题得到解决。满足感就隐藏在能够解决的问题中。

我认为努力就是再多走一里路，而不是选择一条容易的路。这很难衡量。没有人总是能够再多走一里，但我们必须期待能够这样。下面是一个能帮助孩子了解周围的人有多努力的活动。

再多走一里路　■　任何年龄

- ■　思考
- ■　观察能力
- ■　进行推断

要帮助孩子了解，当我们说"要努力"时，我们指的是什么。

要花时间向孩子指出那些付出了额外努力的人：

◎在一个提供全方位服务的加油站，那些不用顾客要求就把车窗甚至汽车前灯擦干净的加油站服务人员；

◎那些不与其他收银员闲聊，而是毫不迟疑地关照每一位顾客的超市收银员；

◎那些在被问到一件商品是否有售时，能作出礼貌、详细的答复，而不是咕哝一声——实际上等于在说"你为什么要来烦我？"的销售人员。

当你向孩子指出那些正在作出努力的人并且表现出你对他们多么尊重时，你就是在增强孩子的努力意识。

不成功，也无妨　■　任何年龄

- ■　思考
- ■　对比
- ■　信息

人们很可能付出了全部努力却仍然不成功。但是，这并不意味着不成功毋宁死。妨碍人们付出全部努力的一个障碍就是害怕。害怕做错，害怕不完美。不作出努力的借口通常是："如果我不把全部精力都投入进去，我就可以给自己留一条退路，并且可以说自己没有竭尽全力。我永远不知道自己是否能赢，别人也不知道，因为我有所保留。"

体育竞技场是人们无法有所保留的一个地方。这里有胜利者也有失败者，但无论是谁都必须竭尽全力。

和孩子一起看看报纸的体育版。几乎每一天都有从不言弃的运动员的故事，有直到比赛结束决不放弃比赛的运动员的故事，有竭尽全力坚持比赛的故事。

这些故事都很鼓舞人心。给孩子讲讲这些故事吧。他们都作出了超常的努力，虽然这样的努力不是每天都要作出的，不是每天都能看到的，但却指明了方向。

家庭作业和努力

我并不很喜欢传统的家庭作业，但也不讨厌，除非是留给学生在星期天晚上做的家庭作业——这确实令人沮丧。我不会因为哪个老师布置了大量的家庭作业就觉得这个老师好，也不会因为哪个老师不留作业就觉得这个老师糟糕。

家庭作业的一个问题是科目不一样，学生也不一样，但作业却是一样的：班里的每个学生都要阅读同样的材料，而其中的一些对于一半学生来说可能都是重复的练习。但即使这些练习也并非完全没有用处，它们能让那些不需要这种练习的孩子有一种领先于别人并已经熟练掌握的感觉。

最近，那些刚到这个国家时甚至还不懂英语的亚洲孩子在学校取得的引人注目的成功，引起了有关先天资质和后天培养的讨论。斯坦福大学对旧金山的中学生所作的一项调查发现，亚裔美国学生的成绩比其他学生的好，并且与这些学生父母的教育和收入水平无关。实际上，在家里说英语越多，学生们在学校的成绩越不好。研究人员发现，亚裔家长能够让他们的孩子更努力地学习。

斯坦福大学的研究统计了高中学生用在家庭作业上的时间。区别是很惊人的。亚裔美国男生每周用在家庭作业上的时间几乎达到 12 小时；美国白人男生用 8 小时；美国黑人男生稍多于 6 小时。至于女生，研究发现，亚裔女生用在家庭作业上的时间每周超过 12 小时；美国白人女生是 8 个小时，而美国黑人女生多于 9 小时。

如果按照包括出勤率和专心听老师讲课等标准来衡量，亚裔美国学生也高于其他学生。

密歇根大学对美国、中国台湾和日本小学生的一项研究发现，美国小学生的数学成绩是最低的。但是，这项研究还有一个与家庭作业有关的更加发人深省的发现。美国的小学低年级学生每晚用在家庭作业上的时间大约是 14 分钟，并且讨厌家庭作业；日本小学生用的时间是 37 分钟；台湾小学生是 77 分钟。而且，日本和台湾的小学生都说他们喜欢家庭作业。此外，亚洲孩子每年上学 240 天，而美国孩子每年上学仅仅 180 天。

亚洲人相信，努力会带来不同的结果，而且他们让自己的孩子知道了这一点。我相信，美国人也相信要努力，而我们也必须让我们的孩子知道我们能努力。

什么也不能代替努力

没有什么能够替代努力，也没有什么能够替代用在做事情上的时间。我们的很多压力或许是来自于我们的想法（孩子们也这么想），认为任何事情都有捷径，任何事都应该只花很少时间并且很容易做成——只要我们知道有哪些捷径。但是，没有什么事情能又快又容易。

我并不是在说亚洲人的家庭教育和学校教育比我们的好（例

如，他们的高等教育就无法与美国相比），但是，他们确实能够教会自己的孩子要有忍耐力，而这是我们在小学低年级不教的东西。我们的孩子需要学会忍耐，需要明白努力的重要性。家庭作业就能让孩子们练习努力。

家庭作业冲突

不管老师怎么做，家庭作业似乎都无法让家长们满意。有些家长说孩子的家庭作业太少；其他家长说孩子的家庭作业太多。我并不相信孩子们需要做更多的家庭作业，但我相信他们必须对家庭作业更上心。孩子们需要知道自己的父母认为家庭作业必须得到认真对待。即使对那些家长认为"没有意义"或"浪费时间"的家庭作业也是如此。学生们需要明白，家庭作业是他们必须要做的，是无法选择的，即使布置的作业枯燥乏味，或太容易或者太难。如果学生和家长对布置的作业有异议，有必要的话，他们应该向老师或校长提出来。但是，家庭作业就像工作中分配的任务一样，是不能不理睬的。

认真对待家庭作业

家庭作业是学生的责任，而不是家长的责任。我对那些表面上布置给孩子，实际上却要由家长来完成的家庭作业感到很担忧。如果家庭作业对学生来说太难或太长，就不应该布置这样的作业，除非本来就是要求由家长和孩子一起完成的。孩子能从自己疲惫不堪的家长在凌晨2点钟做的科学实验中学到什么呢？很多家长都是完成布置给孩子的此类作业的老手。这不是教科学知识或教给孩子诚实的办法。

作为一名英语教师，我给我的学生们说，家庭作业中的写作练习必须由他们独立完成，如果家长帮助他们写，我就永远无法知道怎样帮助他们了。我鼓励他们与家人讨论作业，并听取家人的建议，但是，我希望自己在看作业时读的是学生的文章，而不是家长的文章。

作为一个家长，我是按照自己以"教师身份"提出的建议来做的。尽管我喜欢听自己的孩子大声朗读她们写出来的作文，但我不会参与这些作文的写作。到孩子们写大学入学申请的时候，她们也自己写、自己打印。申请读大学的不是我，而是他们。

家长的基础作用

这不意味着我们作为父母不能发挥作用。我们能，我们可以为孩子完成家庭作业起到基础作用。我所说的基础作用是指一座桥或者一条路那样的作用。

这意味着要给孩子提供完成家庭作业的基础，是一种能促进孩子学习并使孩子成为好学生的氛围。

孩子需要的是认为家庭作业很重要并且让孩子也知道这一点的家长，需要的是能给孩子制订可以遵循的规矩并实施这些规矩的家长。

管教孩子的方式至少有三种，我相信这些方式都与家庭作业有关：

娇纵，父母很少向孩子提要求，认为孩子能够自己管好自己。

专制，父母为孩子设定行为标准，并以强制和惩罚措施来要求孩子按照这种标准行事。

权威，父母设定行为标准并实施控制，但能考虑到孩子的需要。

很多研究人员都赞成权威型父母。娇纵对于孩子来说，并不像曾经认为的那样有好处。对于父母和老师来说，关键在于既要保持权威，又不能专制。这并不容易。

下面是一些有益的"权威"活动，能在一种支持性的环境中为孩子营造一种鼓励学习的氛围。

学习的地方　　■　年龄：4~9 岁

■　学习能力

■　培养组织能力

所有的孩子都需要在家里有一个自己做家庭作业的地方。即使有了这样一个地方，孩子可能仍然会在餐桌上做作业。但是，有了自己的地方，就会让孩子产生一种"家庭作业很重要"的感觉。这并不需要花哨的设备。把旧家具改造到适合孩子的高度就可以。你需要一张桌子，一把椅子，一盏灯。

与孩子一起在家里找个可以专门用来学习的地方。这不需要很大，但必须是一处个人的空间。与孩子一起找到需要的家具，可以看看储物间，问问朋友或者去附近的旧货市场看看。

把硬纸板箱刷上油漆就可以当作书架。最好用容易擦洗的乳胶漆。要鼓励孩子装饰这个学习的地方。放一株植物和一个鲜艳的记事本就会增色不少。还可以把孩子在学校做的艺术作品作为装饰。

一个学习的地方可以是一张桌子，也可以是一块能放在床上用的桌板。最根本的是要向孩子传达出家里很重视学习的信息。

一个让孩子做家庭作业的方法　　■　年龄：10~12 岁

■　学习能力

■　研究信息并制作图表

有一个更好的办法，可以让你不用每天唠叨孩子做家庭作业。下面这个活动能让孩子知道自己该做什么。你需要一张纸和一支记号笔。

用一张结实的纸制作一个能够贴在墙上的家庭作业时间表。下面就是个例子：

日期	语文	数学	科学	社会
星期一				
星期二				
星期三				
星期四				
星期五				

　　每天放学后，让你的孩子在当天布置有家庭作业的学科下打上"√"。完成以后，再在"√"上画个圈。在这张表旁边系上一支笔，以便使用。

跟孩子聊聊家庭作业

　　在孩子完成作业后，与孩子一起聊聊家庭作业的情况。这不是对家庭作业的检查，而是要跟孩子聊聊：作业难吗？容易吗？孩子还想多了解一些吗？可以考虑随后去一次博物馆或图书馆。家庭作业可以成为孩子持久兴趣的一个起点，让孩子带着兴趣去探索。

我们的家：一个学习的地方　　■　任何年龄

■　阅读/写作
■　致力于养成好的工作习惯

　　使你的家（即使是一套小公寓）传达出人们能够在这里学习的信息。

　　要让孩子多看书，并阅读各种不同的资料。你可以在各处——包括浴室——放上书和杂志。研究表明，人在浴室会阅读大量的东西。不一定是最新的杂志和图书才有用。可以让朋友和邻居把他们看过的书和杂志保留下来。你可以通过与他们交换，使家里经常有孩子没看过的读物。要让孩子看到你在阅读，并把你读过的内容与孩子聊聊。

要让孩子尽可能经常动笔。可以把记事本和笔放在屋内的几个地方，包括电话机旁，以便记录信息；可以放在厨房里，用来写日用品采购清单；还可以放在床边，方便记下午夜时分的奇思妙想。

而且，你还要向孩子表明你重视孩子在学校做的事情。可以用一块公告牌或在冰箱上放一块磁铁，用来展示孩子的作业或艺术作品；或者利用一根带夹子的室内晒衣绳，当孩子带着新作品回到家后，他们喜欢亲手更换这些展示品。当父母问"你今天在学校做了什么？"的时候，孩子们可以自豪地指出自己新加上去的展示品。

学习：每个孩子有自己的方法

在对学生们进行了若干年的研究之后，我越来越相信，对一个孩子管用的方式，对另外一个孩子不一定管用。有的孩子必须站着做，而有的孩子却需要坐着做；有的孩子需要绝对安静，而有的孩子却能在嘈杂的环境中学得很好。

孩子静静地坐着好像在看书，并不意味着真正看进去了。孩子看上去在学习，并不一定就是在学习。孩子会形成自己的学习方式，但重要的是孩子的方式必须要有效。如果孩子在绝对安静的环境中学习之后却不能通过考试并掌握书上的内容，他们或许就会想在学习时放音乐。如果孩子在学习时无法忍受噪音，他们可以去图书馆。在家里学习的好处是孩子可以采用适合自己的方式，只要不打扰别人。

学习时间

我们从经验中得知，有些孩子完成课堂作业的速度要比别的孩子快，做家庭作业时也是这样。

对亚洲学生和数学作业的研究表明，花在作业上的时间是有回报的。作为一名英语教师，我知道，当一个学生花时间润色一篇作文并且不止一次进行检查时，也是有回报的。

当你与孩子谈家庭作业的时候，要问问孩子为把作业做好是否用了足够的时间。当你与孩子的老师见面时，要问问他们觉得你的孩子在家庭作业上用的时间是否足够。

如果你的孩子现在用在看电视或电脑上的时间比用在家庭作业上的时间多，他们或许并不一定需要做更多的家庭作业，但肯定需要减少看电视或用电脑的时间。电视和电脑无助于孩子感受到成就感。要帮助孩子把时间用在一些爱好上，比如集邮、航模、烹饪或一个新的运动项目。这些事情会涉及到让孩子努力，随着努力而来的就是成就感。

努力是快乐的

显然，努力并不一定是一件需要板起脸来枯燥地做的事情。人生来就该努力。当我们竭尽全力时，我们会更加出色。问问任何一个长跑选手、游泳选手和棒球运动员，就能知道这一点。努力带来的快乐不仅来自于我们的身体得到了锻炼，还因为我们的精神也得到了锻炼。我们的孩子需要知道这一点。

可以跟孩子谈谈作家、艺术家、数学家和会计师得到的满足感。在工作中动脑子能给人带来真正的快乐。

做完 10 页家庭作业后的快乐，可能很难比得上跑过 10 个街区或者游完 10 圈泳后的快乐感，但是，我们的孩子需要知道，即使家庭作业也能给他们带来快乐。这是一种努力之后的满足感，一种成就感。

我们的孩子需要知道，只有努力才能精通，而精通是最大的快乐之一。

┌──────────────┐
│ **活动提示** │
└──────────────┘

与孩子分享我们的经历

努力是一件很有趣的事情。你或许像我一样，有很多时候付出了极大努力却一无所获。而且，有时候，没有怎么努力，就有很大的成效！

你的孩子也有同样的经历。例如，他们花了很多天写了一篇作文，而老师却说："你应该更用功一些。"后来，他们用 10 分钟写了另外一篇文章，嘿，竟然得了一个 A。

这公平吗？答案是：不太公平，但有一个普遍的法则。这意味着，当我们很努力时，有时能成功，有时不能成功，但是，总有成功的时候。

我们必须帮助孩子知道努力的价值。失败不是错误，不努力才是错误。

引出话题：全力以赴

让孩子回忆自己作出努力和没有作出努力的情景。

你的孩子知道哪个孩子在考了低分后说"我没有好好学"吗？你的孩子认为这表明了什么？

回忆一下自己作出了全部努力却没有任何结果的一次经历，比如想加入一个球队。你的孩子会注意到你活得好好的，所以作出努力并不是什么灾难。

转到更重要的问题上

与孩子讨论下面的问题：

◎学生们害怕作出努力吗？害怕努力后的失败吗？这比不努

力还要糟糕吗?

　　◎孩子期待的是什么? 我们如何恰如其分地看待输赢?

　　正如我们的学习方式不同一样, 对于我们的幸福而言, 各种努力方式都是有益的。任何时候, 我们都可以尝试从慢跑到栽培、烹饪、写回忆录、搭顶棚等各种事情。这些美妙的机会能让人类非凡的能力得到表达。

"大能力" 时刻

　　■　对自己说: "作为一名家长, 我认识到自己对于帮助孩子取得好成绩有重要责任。不管我的教育背景如何, 不管我是富有还是贫穷, 我知道我有力量并且随时准备帮助我的孩子。"

　　■　自律意味着我们不用别人提醒就要做自己必须要做的事情。

　　当孩子帮着做晚饭, 并且不在小事上争吵时, 他们表现出了对父母的体贴。

　　作为父母, 当我们信守诺言, 不轻易向孩子发脾气并羞辱孩子时, 我们就表现出了自律。

　　没有任何人期待我们永远十全十美, 然而, 自律始终是值得追求的。

　　■　努力很难衡量。一个人轻易就能做成的事情, 另外一个人做起来可能要付出更多的时间和精力。父母能帮助孩子学会努力, 学会对真正的竭尽全力感觉良好。

　　让孩子把他们取得的成功告诉你, 比如, 第一次上到游乐场滑梯的最高处, 品尝了一种新食物, 结交了一个新朋友。对于有些孩子来说, 这些事情可能很容易; 对另外一些孩子来说, 这可能是需要作出很多努力才能取得的重要成就。

第 4 章

责任感
做该做的事

伴随一生的评语

在学校的评语	在工作中的评语
贝基总能按时完成作业。	斯泰恩小姐总能如期完成任务。
她似乎知道如何照顾自己。	她知道什么时候说"是"、什么时候说"不"。

想想自己。当你听到自己说下面这样的话，或者一想到孩子就想起这些话时，就说明你需要帮助孩子培养责任感了。

"你为什么总是迟到？"

"你去哪里了？"

"你为什么不能更懂事些？"

当你听到自己像下面这样说孩子时，你听到的是对自己孩子很有责任感的赞扬。

"我可以依靠你。"

"你很可靠，值得信赖。"

"当你告诉我一件事情的时候，我可以相信你。"

本章介绍的是培养孩子的自律，也就是说，要让孩子知道应该做些什么，以及如何从做这些事情中得到自尊。

28 岁的保罗是我所认识的最负责任的年轻人之一。他是一个一流的印刷服务销售人员，一位 3 个孩子的父亲，一个言出必行的人。我问他这么强的责任感是从哪里来的。

我 13 岁那年，父母给我买了一辆摩托车。他们告诉我要爱惜这辆车，不要骑到大街上去，只能在摩托车道上推着走。但我并没有总是按照这些要求去做。

一天，当我骑着摩托车从大道中间的一个斜坡处呼啸而过时，一个警察正在那里等着我。我永远忘不了自己跟着警车被带到警察局以及见到法官的情景。

我因为在禁止未成年人驶入的路上行驶而被罚了。

我爸爸说："我希望你通过这件事学到一些东西。"我学到了，但这种学的方式太危险了。我学到的是，权威部门在执行规则，你会被逮住——或许不是今天，但他们终究会逮住你。

但是，那辆摩托车也让我远离了麻烦。我在乡间土路上骑，呼吸到的都是新鲜空气，虽然搞得一身泥土，但却避免了躲在街角吸食毒品；我订阅了所有有关摩托车的杂志，一页不漏地从头看到尾，有时甚至都忘记了看自己的课本。

我的父母给我的信任或许太多了，他们是在迫使我学会承担责任。

对于我自己的孩子，我不会那么冒险，我也许会给他们买条狗，而不是摩托车。

对于很多父母来说，给十几岁的孩子买一辆摩托车，既不存在经济负担问题，也没有什么不合适。

所以，责任感可以不知不觉中在家里教给孩子。在设计有助于培养孩子责任感的活动时，我意识到，这些活动可能看起来有些奇怪——有些是像缝纽扣或按时起床那样简单的活动，而另外一些是像理解考试中作弊或对朋友撒谎意味着什么那样复杂的活动。

孩子可能很快就能学会缝纽扣，而理解抽象的概念可能

> 教孩子学会负责任，需要一些方法，让孩子觉得自己是有能力的，同时也使他们知道什么是对的以及做什么是对的。如果孩子必须准时起床，你就要向他们示范如何使用闹钟并且让他们用上它；如果孩子对你撒谎，你要让你的孩子知道撒谎是错误的，它会摧毁你们之间宝贵的信任。

会慢一点。但是，对于培养孩子承担责任的意愿而言，两者的作用是一样的。

本章的有些活动看似毫无关联，以至于我起初把它们放到一起都有些疑虑，后来，我想起了自己对"责任感"一词的定义：做正确的事。

孩子通过这些活动中积累的经验，就能变得更有责任感。将实实在在的活动（比如，利用纽扣和闹钟的活动）与对抽象概念的讨论结合在一起的价值在于，纽扣和闹钟的活动能让孩子立即体验到负责任的行为的正面回报，而抽象概念的讨论则能让孩子受益终生。

可以从下面这些活动开始培养孩子的责任感，包括：

◎让孩子照看好自己的东西和别人的东西；

◎完成家里和学校布置的任务；

◎鼓励孩子思考做一件事情的多种办法及其价值。

在培养孩子的责任感时，应该多想想如何让孩子能做好自己的事，并且为家里做一些事。

下面的活动能使孩子从为自己的事情负责，延伸到为家里的事情负责，而且这两者是相互加强的。

帮助孩子做好自己的事

孩子需要学会照料自己，即使是对那些除了照顾孩子之外没有其他事情可做的父母们来说，也是如此。让孩子把自己的衣服挂起来或自己洗脚，似乎与孩子在学校的功课没什么关系，但是，这种自己的事情自己做的影响，会延伸到孩子在学校的学习中。

让我们从一些能帮助孩子学会更好地爱惜自己的身体和衣服的活动开始吧。

身体是美丽的　■　年龄：4~9 岁

■　学习能力
■　回忆细节
■　根据信息内容制作图表

在这个活动中，你需要一支记号笔、一支钢笔和纸。

跟孩子谈谈个人整洁以及为什么个人整洁很重要。我们跟孩子谈的不是"过分整洁"，而只是"整洁"，例如"没有异味"。所以，这非常容易做到。

谈谈洗脸、洗手、梳头和刷牙，包括孩子容易弄脏的其他部位。

与孩子一起把每天上学前需要洗干净的地方列成一张表，把这张表贴在浴室里。

如果你和孩子喜欢表格，可以贴一张下面那样的简单表格。孩子要像飞行员在起飞前检查准备事项一样，检查这个表格中的内容。把一支记号笔与表格系在一起，以便孩子检查。

为了鼓励孩子，尤其是在开始的时候，可以给孩子准备一个小奖品。这可以是孩子选中的一支新品牌的牙膏，或者是一支新牙刷或某种品牌的肥皂。

开始时，每天都要按照表格检查，然后改成每周检查。很快，你就不再需要这个表格了。这么做的目的，是让孩子养成整洁的习惯。

看起来很好	星期天	星期一	星期二	星期三	星期四	星期五	星期六
我刷了牙							
我洗了脸							
我洗了手							
我梳了头							

衣服　■　年龄：4~9岁

- ■ 阅读/写作
- ■ 听从指令
- ■ 养成良好工作习惯

"人靠衣服，马靠鞍"。男孩子靠不靠衣服不好说，但注意着装有助于培养男孩子和女孩子的各种重要的内在特质。在孩子小的时候，爱惜衣服可能是他们能在自己的生活中练习责任感的有限的几个领域之一。

挑选衣服

这个活动需要孩子平时穿的衣服、笔和纸，以及粘标签用的胶带。

与孩子一起把他或她的衣服放在容易找到的地方。可以在衣橱的抽屉外面贴上标签。

跟孩子谈谈哪种天气应该穿什么衣服。可以把这件事变成一个游戏。比如，拿起一件厚毛衣，问："这件衣服在热天穿还是冷天穿？"可以用短裤、手套等做同样的游戏。

在孩子晚上睡觉前，让他们想想第二天要穿什么衣服，并让他们把这些衣服提前拿出来。再让孩子检查一下衣服是否干净，是否可以穿。这就能省出第二天早上的时间。

洗衣服

家里不只是妈妈和爸爸才能洗衣服。这是每个人都能够掌握的技能，包括小孩子。这个活动需要一些脏衣服、肥皂、水，或许还要有一台洗衣机。

拿起一盒洗涤剂，与孩子一起看看上面的说明，立即就能让孩子的词汇量中增加一些诸如"合成"、"可回收"之类的词。

不论是手洗还是用洗衣机洗，要与孩子一起经历洗衣服的每一个步骤，如果有必要，最好让孩子和你一起先处理污渍。要跟孩子说说如何按衣服的颜色分开洗，然后再说说水温、洗涤剂用量、如何操作洗衣机以及漂洗、晾晒或机器烘干。要让孩子看到每一个步骤，并帮你一起做。

现在，让孩子在你的指导下挑一件脏衣服，完成手洗或用洗衣机的全部过程。要问孩子，需要注意什么，以及怎么知道这件衣服是否洗好了。

学会用洗衣机可能要花时间。除了学开车之外，学用洗衣机和割草机在任何家庭都是最有利于培养孩子责任感的工具。

熨斗也是可以用来教责任感的工具。要向孩子示范在熨衣服时如何避免烫着自己，把熨衣板放低一些，给孩子一个展示才能的机会。

缝补衣服

我特别喜欢这个活动，因为它不仅能教给孩子责任感，而且有助于培养孩子的手-眼协调能力，这是学习阅读和书写的基本要求。你需要针、线、剪刀、纽扣和孩子需要缝补的衣服。

和孩子一起挑出一件需要缝上纽扣的衣服；一起选择所需的工具。找一根针眼较大的针，向孩子示范如何把线穿过针眼。要花时间说明在整个过程中如何保证安全。然后，一步一步地向孩子示范如何缝上纽扣。

　　然后，要看着孩子把一件旧衣服上的纽扣换上新的。不要指望孩子干得很完美，也不要坚持让孩子重新缝一遍。孩子需要练习才能掌握这项技能。不论对男孩子还是对女孩子来说，即使他们穿着一件自己把一颗扣子缝得歪歪扭扭的衣服，也是一种荣誉的象征。

　　你可以利用一些五颜六色的碎布，来帮助孩子在家里制作礼物和其他东西。例如，在蓝色牛仔裤上缝上一块浅颜色补丁，既容易又有趣。餐具垫、书皮和彩旗也很容易做。孩子们手工缝制的礼物特别受欢迎，而且几乎不需要花钱。

一个特殊的地方　■　年龄：4~9 岁

■　学习能力

■　为了一个目的而创造/写作

■　记住细节

　　这是培养低年级孩子责任感的一个活动，要求制作一个有助于孩子保管自己的物品的盒子。

　　一般来说，孩子们放学回到家里，就会把上学用的物品随处乱扔。第二天早上，由于时间紧，这些物品就一时很难找到。

　　这时候，你就会听到孩子说："哪儿都找不到了。"这些找不到的可能是从手套到铅笔的任何东西。这时，你会听到自己大声说："好好找，直到找到为止。"

　　你需要一个足够大的硬纸板盒子，以装下孩子上学用的东西和几件衣服，还需要一些杂志图片、记号笔、胶水和剪刀。

　　孩子可以在这些盒子上贴上杂志图片、自己的艺术作品，写上字以及自己的名字。

　　这个大盒子可以放在门口附近，或者孩子的房间里。当孩子放学回家后，这个盒子就是孩子最先停留的地方，可以把学习用品、帽子、玩具和眼镜放在里面；早上去上学时，这里是孩子离开家之前最后停留的地方。晚上，要将做完的家庭作业和上学要用的物品放进盒子里，为第二天上学做好准备。

　　每隔几天可以往盒子里放一张便条，作为对孩子使用这个大盒子的奖励，赞扬孩子的责任感："嗨！太好了。爱你，爸爸。"或"晚上六点见，一起去玩儿。爱你，妈妈。"

这样，孩子至少知道了他们的东西应该放在哪儿。更重要的是，这个盒子使家里在早晨少了许多唠叨。如果一个盒子就能有助于做到这一点，确实值得尝试一下。

另外，年龄再大一些的孩子，甚至父母，都可以给自己准备一个这样的盒子。在我家的门口附近，我就有一个用来放我的眼镜和汽车钥匙的盒子。当我在早上手忙脚乱的时候，它确实很有用。

我们已经介绍了孩子应该自己做的一些事情，下面要让孩子练习为别人做事情。

帮助孩子为家人做事

作为父母，我们一直在说孩子需要学会负责任。但是，我们必须要注意，自己不要在不知不觉中破坏这种良好愿望。我们有保护孩子的冲动，甚至是过度保护。有时候，我们会承担起孩子应该承担的责任，常常是为了免于造成不愉快的后果。我们替孩子去图书馆还书、替他们喂他们的宠物，为他们的植物浇水。有时候，我们甚至替他们做家庭作业。但是，这不会起到长久的作用，也不利于孩子成长。

总之，责任感意味着我们可以"依靠"孩子，他们也可以依靠我们。下面是一些"相互依靠"的活动。

承诺！承诺！　■　年龄：4~9 岁

■　思考

■　分享看法

■　评估信息

当孩子被要求做一件事情时，他们常常会作出承诺。他们可能并不完全知道遵守承诺都需要做些什么。他们的本意是真诚的，想让父母高兴。下面是与孩子谈谈承诺及其后果的一个方法。

跟孩子谈谈，如果人们不做自己有责任做的事情，会发生什么情况。例如：植物不浇水会枯萎，动物不喂就会哀叫，垃圾不倒掉就会发出臭味。

让孩子想想，如果父母决定不去买食物或者不做饭、公交司机都待在家里、电影放映员不按时上班，将会发生什么事情。人们应该只做自己喜欢的事情吗？

跟孩子讨论一下，不把事情做好会对别人造成什么样的影响。这公平吗？这负责任吗？这是遵守承诺之所以那么重要的原因吗？

爱护东西 ■ 任何年龄

■ **阅读**

■ **一起听和说**

父母们都知道，孩子对他们自己和别人的东西不在意。很昂贵的东西很快就会变成破烂。如果父母们不能找到方法帮助孩子对他们应该照管的东西承担起责任，这样的事情就会一再发生。

这个活动能够提供帮助。你需要纸和笔。在买一件昂贵的礼物之前，最好与孩子谈谈怎样照管这件礼物才合理。

宠物就是一个很好的例子。即使买宠物并不需要很多钱，但宠物每天都需要照料。孩子愿意照顾宠物吗？能照顾宠物吗？事先要把这些事情搞清楚，以免事后产生误解。要把你和孩子共同决定的事情写下来，并贴在显眼的地方。

或许你在考虑买一台家用电脑。电脑是需要小心操作的易损设备。要确保孩子知道应该怎么做。要带孩子一起去商店，阅读操作手册，了解每一个操作步骤。孩子不仅需要知道如何操作，还要知道如何爱护电脑。

在每一个家庭，都有一些"不能碰"的物品，可能是药品、妈妈的化妆品、瓷器、CD 碟片或孩子房间里的百宝箱。要和孩子约定好，你不会动他们的宝贝，而他们也不能动你的化妆品和药品。要向孩子指明哪些是"不能碰"的东西,并且要遵守约定。

不要担心:你不会迟到的　■　任何年龄

■　学习能力

■　**养成良好的工作习惯**

这个活动能让孩子知道,向别人表明自己在任何情况下都值得信赖的重要性。即使不喜欢自己的工作,我们当父母的仍旧要去上班;当我们生病或要迟到时,我们会给上司打电话。孩子需要知道这一点,并且需要仿效这种行为。

这个活动能帮助孩子学会自己按时起床。你需要一个闹钟、一个纸袋,并且要给每个家人准备一张纸条。

在一张纸条上写上"醒来",在其他纸条上写上"叫醒我",把纸条放入纸袋中。让大家抽,抽到写有"醒来"纸条的人要在第二天早上负责叫醒其他人。

抽到写有"叫醒我"纸条的人要确定自己需要醒来的时间,也许要早一些,以确保每个人都能准时上班或上学。

抽到"醒来"的人,要把闹钟的时间定在应该醒来之前的 5 分钟。第二天早上,你会发现抽到"醒来"的人是不是值得信赖。如果他醒来晚了,会出现什么情况?会有人上班或上学迟到吗?

孩子能经常自己按时起床吗?如果不能,就要马上给孩子买一个闹钟。

我该做什么?
帮助孩子思考有关选择和价值观的问题

每个孩子在生活中都会碰到一些左右为难的问题。当出现下面这些情况时,该怎么做?

◎看到别人在考试中作弊。

◎捡到了钱。

◎知道一个朋友做了错事。

这都是很难处理的问题，考验着孩子分辨是非并做正确的事情的能力，也考验着父母的能力——我们能否帮助孩子搞清楚如何以一种让他们心安理得的方式来处理这些问题。

孩子需要知道父母的想法，但更重要的是，他们需要知道如何选择自己的立场。这需要时间，需要孩子与父母和朋友的真诚讨论。这需要问自己："都有哪些选择？我的价值观是什么？我希望别人怎么对待我？我是一个什么样的人？我想成为一个什么样的人？"

这需要在餐桌上、在开车时进行讨论；这需要时间，但这是值得的。这意味着要多多交谈，但也意味着要采取行动。作为父母，我们没有必要成为天使，但孩子需要看到父母诚实、尊重法律、系安全带、不吸食毒品。

我们可以肯定，现在孩子在日常生活中比我们小时候面对的诱惑和犯罪要多得多。他们准备好了吗？当陌生人让你的孩子搭车或给他们提供毒品时，他们知道该怎么说吗？当他们认识的人试图让他们做一些不好的事情时，他们知道怎么说吗？对这些问题抱怀疑态度没什么坏处，对这些真实存在的恐惧有担忧，没什么坏处。

但是，担忧是不够的。你需要坦率地与孩子讨论。要表达出你的关切，并让孩子说出自己心中的恐惧。要练习怎么说、怎么做才能摆脱陌生人，才能拒绝朋友的不好的提议。要做一些角色扮演；要设身处地地把自己放到难以对付的情形中。这些练习有时能拯救孩子的生命（见第10章中的一些具体活动）。

如果孩子把说教看成是说说而已，世界上所有的说教就都不会起作用。当父母炫耀自己的违规行为时，很难让孩子遵守规则。当父母好得似乎不真实时，也很难让孩子遵守规则。我们难道从来没有因为受到诱惑而做一些错误的事情吗？把我们受到的诱惑，以及自己如何对待这些诱惑告诉孩子，才是有益的。

我自己就从商店里拿过东西。这就是我的"森森故事",而且肯定已经给我的孩子留下了深刻的印象,因为只要我一开始说这件事,她们就会说:"哦,别再讲那个森森故事了!"

那是我 8 岁的时候,当时我在一杂货店里等着买东西。当我站到柜台前面的时候,我拿起一小包"森森"(包装很像一小包糖),并把它拿在手里看上面的说明,"森森"是当时市场上为数不多的几种口香糖之一。我不知道自己当时是否需要口香糖,但当我拿着买好的东西走出商店后,我低头一看,发现自己手里还拿着那包没有付钱的"森森"。该怎么办呢?我回到商店,把事情告诉了店主,并且付了钱。我不记得自己是否吃了这包口香糖,但我直到今天还因为这件事而感到自己品德很高尚。

并不是所有这一类故事都有愉快的结局。老师们会发现自己面对考试作弊问题而左右为难。很难搞清楚现在学校里的作弊问题是否更严重了。或许是对考试作弊公开谈论的更多了,因为作弊被看作是对压力的一种反应,而我们比以前更多地谈论压力了。

可以相信,其他地方的作弊要比学校里多得多。但是,学校是一个在很大程度上决定着学生们能不能在未来取得学业成功和实现个人价值的地方。这就是为什么对学校里的作弊"视而不见"会对孩子们造成真正伤害的原因。如何对待作弊和作弊的学生,仍然是一个问题。向老师报告还是不报告,惩罚他们还是仅仅劝告,对于学生和老师来说,这仍然

> 我们中的多数人想做好人,我们想做正确的事情,我们希望自我感觉良好。由于孩子正在成长、在显露出自己是什么样的一种人,他们在出于本能做正确的事情的过程中需要得到鼓励和支持。最有责任提供这种支持的人是父母。

是一个两难选择。重要的是,成年人必须承担起责任,这样,孩子们才能承担起责任。

当你们行为得当的时候，我爱你们

责任感确实是父母和孩子之间的双向车道。"大能力"不光适用于孩子，也适用于父母。我还记得我的孩子写的一张提醒我别忘了自己的责任的便条。

我一直保留着这张有点发黄、破损的纸条，这是我当时 6 岁的孩子用歪歪扭扭的笔迹写下来的："当你们守规矩的时候，我爱你们！"

那张纸条是我女儿写的，当时，我和她父亲正在隔壁房间里激烈地争吵。我想不起来为什么争吵了。由于这张便条，让我记住了我们当时的行为很不负责任。

这张纸条提醒我要负起责任。这来自于一个孩子，所以可能比大多数父母的提醒有更大的影响。我很想说，这张可爱的纸条阻止了后来所有的不负责任行为。但它没有。不过，我确信这张纸条是有帮助的。让孩子知道父母也需要"大能力"，没什么不好。

> 活动提示

与孩子分享我们的经历

过去，我们从来没有真正考虑过自己对环境应承担的责任。我们知道乱扔垃圾会被罚款，但仅此而已。

我们的环境静静地履行着自己的职责，有一个稳定的臭氧层、不断生长的树木以及供我们游泳的海滩。现在情况不一样了。我们除了对自己负责之外，实际上还必须对环境负责。

时代不同了。一个重大区别是我们比以前知道得更多。我们了解了危险，了解了酸雨，了解了无法生物降解的洗涤剂和塑料杯。

我们需要这种信息，需要把这些信息告诉孩子——不是为了吓唬他们，而是要让他们形成保护环境的意识。去图书馆里查一查，或者直接与环境保护组织取得联系，看看你们可以做些什么。

引出话题：我们可以做什么？

问问孩子，他们在家里可以做些什么有益的事情：例如，回收报纸、把冰箱门关严、每张纸都要两面用。

要记住，孩子可能会督促父母承担责任。例如，他们可能会鼓励父母拼车，提醒你不要让汽车马达空转，用纸和树枝而不是打火机来点燃烧烤架。由于孩子在学校对环境保护了解得越来越多，你的孩子很可能比你知道得更多。

转到更重要的问题上

因为孩子的环保知识可能比你的多，可以让孩子教给你并指导你回答下面这些问题：

◎人会因污染而生病吗？会得什么病？

◎当我们看到一辆轿车或公共汽车或一家工厂正在排放污染时，我们应该做些什么？

◎当企业采用可循环使用的包装时，应该让企业知道我们赞成他们的做法吗？我们应该给他们写一封信吗？

◎我们如何让更多的人了解他们有保护环境的责任？

"大能力" 时刻

■ 你需要知道托儿所或幼儿园里正在发生什么事，以及你的孩子正在发生什么事。要提醒自己："我要问问题。我要告诉老师孩子在家里的情况、出现的问题或者需要让老师了解的事情。"

"我要定期与孩子的老师谈谈。我还要尽量参加学校的活动。在帮助孩子学习方面，我是学校的伙伴。"

■ 尽量让孩子自己作决定。即使年龄小的孩子也需要学会自己作选择，并对自己的选择作出评价。

孩子需要你给他们一些与其年龄相应的基本原则和选择。例如：对于一个3岁的孩子，你或许只能给出两个选择："你喜欢吃什么——意大利通心粉还是意大利面条？"

对于大一些的孩子，你提供的选择可以更复杂一些，选择范围可以从穿什么衣服上学，到什么时候看电视、什么时候使用电脑。一旦作出了决定，就要努力遵守，或者要解释改变决定的原因。

■ 作为一个家长，你知道很多好事并不一定需要花费很多时间。

要向自己承诺："即使很难找出时间，我也打算花时间与孩子在一起。我们要一起聊聊当天发生的事情。我们还要一起做一些事情，可以是家务事，也可以是一些好玩儿的事。"

"我要通过我的言行让孩子知道，教育是重要的。我要鼓励孩子，使他们能够发挥自己的潜能。"

第 5 章

首创精神

采取行动

伴随一生的评语

在学校的评语
斯坦总是能想出全班同学都喜欢的新点子。

他对老师和同学的态度都很好。

在工作中的评语
我们离不开约翰逊先生创意，他一直在推动整个办公室的工作。

他对工作的态度是积极而富有成效的。

当你对孩子有下面这些想法，或者听到自己对孩子这么说的时候，你听到的是对孩子的首创精神的赞扬。

"真是个好主意!"

"你总能有灵感。"

"你在拉着我们前进。"

"你总能想到新的东西。"

这一章介绍如何激发并利用首创精神。这涉及到活力、热情、兴趣，涉及到能够迈出第一步并保持下去的条理性。

首创精神始于一个好主意，但光有好主意并不够。你必须行动起来将其付诸实施。

首创精神建立在跨出头几步并坚持到底的基础之上。这一章的活动提供的机会，能使孩子形成兴趣，并练习主动把好主意付诸实施。

首创精神是科学研究的核心，能使我们提出问题并寻找答案，能让我们惊奇、猜测、寻找线索、进行实验，搞清楚事情怎样才可行或者不可行。

那些已经参观了父母的工作场所、观看了日出、乘坐公共汽车去到城市的另一端的孩子，当考虑迈出新的一步或者第一步时，更有可能听到自己内心深处柔和的声音："没有问题，你很在行"；或"这就像你上星期所做的"；或"这与你以前所做的没有太大的区别，你能应付得了。"

这一章的活动将我们带进一个科学实验室，但是，这些活动中的科学实验室就是我们的厨房、地下室、后院。我们会观察把意大利通心粉放入开水中、把水放进冰箱冷藏柜或者植物得不到阳光时，会有什么情况发生。我们要帮助孩子放心大胆地猜测或"假设"，并且了解那些只能在教科书中见到的科学概念。

这些活动能让孩子思考因果关系。当水烧开时，他们要观察发生的变化；通过观察家里的管道，他们会获得一种系统意识；通过对物品进行分类整理，他们会得到一种条理意识。而且，所有这些需要你和孩子一起做的活动，都是在家里的日常生活中完成的。

这些概念都是科学研究的核心。当我们给孩子自由、许可、鼓励、时间和能够使他们探索、质疑、沉思、惊愕甚至困惑的环境时，我们就为他们打下了对科学的持久兴趣的基础。不管孩子是否能够成为爱因斯坦，他们都需要成为一个能说"我想知道那是怎么回事"的人。

我要试试！

你不必走出家门，就可以给孩子提供一个让孩子形成兴趣，并能助孩子学业成功的世界。而且，这些经历能够让孩子对自己未来的兴趣产生一些想法。

我还记得，我在自己的孩子小的时候，与她们一起在厨房做试验时的感受。让我告诉你吧，不只是她们学到了东西。我们看着水烧开，计算了意大利通心粉变软所需要的时间。我们把冰块分别放在阳光下和阴凉处融化，把木勺和金属勺分别放进热水里，然后摸一摸，有时候惊奇得都有点迫不及待了。然后，我们会谈谈学到了些什么。

下面这些活动特别受低年级小学生的欢迎，但那些没有接触过这些活动的年龄大一些的孩子也会喜欢。我自己的孩子现在仍然记得我们在厨房和后院的专门的"科学时间"。我要提醒的是：我的孩子说，我当时讲得太多了。所以，你要尽量避免我犯过的错误，要与孩子一起享受这些时刻。

那些有工作的父母们，尤其是父亲，可能会认为为了弥补亏欠孩子的时间，他们需要作出牺牲，需要带孩子去参加一些诸如参观博物馆和动物园或看演出之类的活动。并不是这样的。与孩子一起去银行和商店确实有很大的教育价值，但和孩子一起去地下室也能起到同样的作用。

机器：听和说 ■ 年龄：4~9 岁

■ 科学

■ 猜想和假设

要利用自己的家。下到地下室去看看炉子。它是怎样工作的？那些管子是干什么用的？不要忘记家里的水管。孩子们看不到那些砌在墙里面的水管，真是太可惜了。

厨房里会有各种声音。让孩子听听，并指出来——冰箱的嗡嗡声、炉子的咕噜声、排气扇的呜呜声。

让孩子看看自行车。车轮有什么重要性？让孩子看看家里轿车车盖下的地方，能说出这些部件的名称吗？

仔细看看家里的电器。你或许想问问孩子电是从哪里来的这样的大问题。当你们路过一座发电厂或者水坝时，你或许会提到家里的那台烤面包机。

机器：请触摸 ■ 年龄：4~9 岁

■ 科学
■ 研究和评估信息

哦，把东西拆开然后再组装起来是多么有趣的一件事啊。在下面这些活动中，即使组装错了，你仍然会高兴。你需要一个能用的手电筒、一个无关紧要的坏掉的小装置，以及几件工具。

手电筒是如何工作的？把一节电池取出来或颠倒安装，看看会发生什么情况。手电筒的好处是很容易就能修好。

如果你有一个坏掉的小装置，比如一个钟表或铅笔刀，而且你不在乎是否还能使用，就试试这个美妙的活动吧：把这个东西和几件工具（例如螺丝刀）放在一张桌子上，让孩子把它拆开。你要站在旁边，以便孩子叫你帮忙，但一定要让孩子自己试着重新组装起来。

水，到处都是水 ■ 年龄：4~9 岁

■ 科学
■ 区分事实和主观看法

水很容易激发科学的思考。下面这些活动需要水、冰盒、盐、鸡蛋和几个盘子。

将水倒入冰盒，然后把冰盒放入冰箱。水结成冰需要多长时

间？然后，在冰盒的不同格子里加入不等量的水再试验一下。

把几个冰块放到桌子上。融化需要多长时间？为什么会融化？把冰块放在房间里的不同地方，在某些地方融化的速度比其他地方的快吗？

盐水和淡水：在两杯水中各加入一两勺盐，制成盐水。把这些盐水倒入一个冰盒，再往另一个冰盒里加入自来水。把两只冰盒放进冰箱，几个小时后检查一下。你看到了什么？装自来水的冰盒结冰了吗？装盐水的冰盒里是否变得像果冻一样？

往盐水和自来水中分别放进一个鸡蛋。哪种水里的鸡蛋浮得更高？盐水的浮力大。你们可以由此讨论一下死海中的盐分，以及多么容易浮在上面。

蒸发：往一个盘子中倒入一些水，放到阳光下，让孩子做一个水位标记。往另外一个盘子中加入等量的水，把这个盘子放到阴凉处。哪个盘子里的水先变干？要注意观察，并且跟孩子谈谈你们看到的情况。

热和冷　■　年龄：4~9岁

■　**科学**
■　**练习科学的方法**

孩子做这个活动时，你要站在旁边。你需要水、通心粉（或者面条）和两个锅。

往其中一个锅里倒入一些水，放到炉子上加热；往另外一个锅里倒入不等量的水。要尽量用同样热度和大小的炉子。观察一下，看看两个锅里的水哪个先烧开，快了多长时间。

把通心粉放入炉子上的开水中，会发生什么事？让孩子仔细观察，看看水再次沸腾需要多长时间以及沸腾过程。再放入一些通心粉，观察接下来发生的情况。然后，这份试验品就可以吃了。

用温度计测一下周围的温度。把温度计放进冰箱，会发生什么情况？放在暖气片上呢？放在阳光下呢？

光线和影子 ■ 年龄：4~9 岁

- ■ 科学
- ■ 进行实验
- ■ 观察和讨论

这些活动需要一盏灯、不同形状的物品、一杯水和一只汤匙。

在室外，什么时候影子长，什么时候影子短？在晴天，不同的时候站在室外的同一个地方，观察影子的长短变化。

在室内，用一个大灯泡把正方形、圆形和其他形状物品的影子投射到一个背景上；当孩子跳、蹦、挥手和踢腿时，会发生什么情况？

用镜子反射阳光，然后转动镜子的角度，将光线投射到房间里的各个地方。

可以用下面这个实验来说明光线穿过空气和水的速度差异：把一只汤匙放入一个装着 2/3 杯水的杯子中，从侧面看，孩子会看到汤匙在水下的部分"折断"了。

罐子和吸管 ■ 年龄：4~9 岁

- ■ 科学
- ■ 做试验

你需要一个果汁罐头，一个开罐器、一个橡胶吸盘、水和吸管。

从一侧打开一个果汁罐头，往外倒，什么都倒不出来。为什么倒不出来呢？再打开一个口，再次往外倒。发生了什么情况？为什么？

把吸盘按在墙上，它就粘在那儿了。是什么使它粘住的？怎样就会掉下来？

用吸管吸水。是什么使水能待在吸管里而不会流出来？

植物如何生长　■　年龄：4~9岁

■　科学
■　评估证据

照料植物是一种能够亲眼看到因果关系的体验。植物需要什么？当植物得不到需要的东西时，有什么变化？这些活动需要植物和铝箔。

把两株长势同样良好的植物并排放在一起。让孩子给其中的一株经常浇水，而在一两个星期内不管另外一株。会发生什么情况？

用铝箔盖住一株喜光植物的一侧叶子，盖一个星期左右。当揭开铝箔时，叶子看上去是什么样子？

栽种植物的活动既可以在窗台上的花盆里进行，也可以在广阔的田野里进行。

让我们变得有条理吧

有时候，你早上一醒来，就觉得今天自己要有条理一些。孩子也会有这种感觉。这种想法一出现，就应该趁其还没有消失，赶快付诸行动。

下面这些活动，不仅要教给很小的孩子收拾东西的能力，同时还要让他们把需要做的事情做好。这些活动就是让孩子把东西分类，把你几个月都不想收拾的东西收拾好。

在开展诸如此类的活动的过程中，你会提出自己可能不知道答案的问题。随后，你与孩子可以上网或者去图书馆查找答案。对于孩子来说，重要的是要有足够多的探寻和尝试的兴趣。

77

琐碎的事情让你忙得手脚发麻　■　年龄：4~6 岁

- **阅读**
- **给物品分类**
- **使用描述性词语**

这个活动需要一个工具箱、首饰盒、衣柜、针线盒或者书架。

◎工具箱可以让孩子根据钉子的长度将钉子分类。

◎首饰盒可以让孩子练习将项链、戒指和耳环分开。

◎衣柜可以让孩子分类整理自己的衣服。

◎针线盒可以让孩子练习把线、针、别针分开。

◎书架可以让孩子用多种方式把图书分类：按照大小、颜色，或者按照更加抽象的方式——孩子喜欢或不喜欢的书、情节有趣的或悲伤的书。

任何适合的东西　■　年龄：7~12 岁

- **数学**
- **估计**
- **利用空间能力**

这个活动是让年龄稍大的孩子练习把东西按顺序放好。要用到橱柜或者冰箱、衣柜或者孩子的衣橱。

首先跟孩子谈谈收拾架子或衣橱的方法：在厨房里，或许是把同样大小的容器放在一起，或者把某些食物放在一起；在卧室，可以包括把袜子整理好，以保证同一双袜子放在一起；整理衣橱可以是把所有的衬衣放在一起，而把裤子放在另一头。

要让孩子至少整理好一个架子。不一定永远按照孩子整理的方式摆放各种东西，但至少要在一两天内让人看上去很满意。

这需要计划！

孩子说："我要画画。"父母就准备好了精致的画架，但没过几分钟，就听到孩子说："我不想画画了。"受了折腾的父母真希望能尽早对自己亲爱的孩子说："宝贝，你学着自己动手。好吗？"

孩子们越早习惯于主动做事，就能越早学会自己准备画架。

在我的孩子还小的时候，如果我说我们要出去玩儿，她们就会跑到门口站着，即使是在寒冬，她们也不会自己主动穿上外套；或者，如果我们要出门一个星期，她们会在不做任何准备的情况下，就高兴地说："我们准备好了！"

她们当然准备好了，因为她们不需要做任何事情。但是，她们并没有永远如此，这意味着她们要收拾自己的背包，还要做其他必要的准备，包括熨衣服！

> **来自纽约……**
>
> "我的孩子是一个拖拖拉拉的人，这让我很头痛。于是，我们给他弄了一本日历并放在他卧室里一个很容易就看到的地方。现在他一早起床干的第一件事就是看看这本日历。
>
> "为了让他做家庭作业，我们给他买了一个计时器。他与自己打赌：'我可以在 4 分钟之内做完这个。'现在，他自己给闹钟定时间，这给了他一种以前从来没有过的控制感。"

集合出发　■　年龄：7~9 岁

■　思考

■　激发点子

■　收集信息

教孩子如何把做一件事情所需要的东西找全并安排好。可以从一件或大或小的事情开始：给玩偶做一个小舞台，做一个小狗窝，准备一场舞会，或者烤饼干等。跟孩子谈谈这些事情需要的东西（年龄小的孩子需要你提些建议）。

把需要买的东西和家里已经有的东西列成一个清单。然后，在开始做之前与孩子一起把所需的东西准备好。

另外，可以让孩子收集他们要做的事情或想更多了解的事情的信息，比如，如何烤蛋糕、如何开始收集岩石、如何给吉他调音等。在做之前先有所了解，总是有益的。

知道什么时候干什么事

每个家庭都有日历，然而，日历本身并不能帮助孩子变得更有条理性。

要充分利用日历，把它当作能起到提醒作用的工具，或是一个让家里的每个人知道其他人要做什么的方法。

什么时候我们必须做什么

家庭日历　■　任何年龄

■　思考
■　组织和展示信息

孩子似乎总是忘事，尤其是忘记日期和自己该干的事情。这个活动能帮助孩子记住。你需要一本日历、几支记号笔或者蜡笔。

找一个每一天都留出较大空间的日历，可以在任何时候开始这个活动。跟孩子谈谈未来的几天、几个星期和几个月会发生的事情。

在日历上相应日子的空格内填上诸如生日、看医生、运动队训练等特殊的日子或即将要做的事情。

让孩子把日历装饰一下。可以用一些富有个性的方法，比如，为每一个家人选一种专用颜色，或者在一些特殊的日子贴上孩子的画或图片。还可以利用日历鼓励孩子提出建议，例如，在日历上写下孩子喜欢的某种食物，或者想在全家人外出时去的某个地方。

可以在这个日历上相互留言。当然，孩子通常会写："妈妈，我需要午饭钱。"或者"我真的需要那样的新牛仔裤。"但要记住，赞扬的作用很神奇。下面是每个人都喜欢的："乔，我喜欢你的微笑。""妈妈，感谢你帮我做家庭作业。""爸爸，你做的意大利面条非常好吃。""萨莉，你自行车骑得真棒。"

抗击疾病　■　任何年龄

■　思考
■　了解类别知识
■　按照逻辑顺序进行组织

即使孩子生病在家卧床休息时，他们的首创精神也能使生病的日子变得开心一些，并有助于他们感觉好一些。当然，有的时候他们会关紧窗帘、睡觉或者长时间看电视。但在恢复期间，有时候也会发现或培养出新的能力和兴趣。

孩子的年龄不同，感兴趣的活动也会不同。喜欢看书的孩子会喜欢看每天的报纸、杂志和从图书馆借来的书。要记住，不管孩子年龄大小，都喜欢别人念书给他们听。

可以在孩子的床头柜上放上做手工的材料——蜡笔、纸、剪刀。而且，别忘记放些拼图、用来作拼贴画的旧明信片和玩具在上面。

学龄前的孩子可以向父母口述故事，让父母记下来，然后把故事画出来。他们也可以给爷爷奶奶口述一封信，由父母记下来。

小学生喜欢往家庭相册上贴新照片，把旧鞋盒里的照片收集起来。可以教孩子为玩具娃娃缝衣服。还可以教孩子串珠子、玩纸牌魔术、折纸，包括叠纸飞机。

可以在孩子的卧室的窗户上放个小鸟喂食器和温度计，甚至放一个风向标。孩子躺在床上时，可以用笔和纸记录来吃食的小鸟的数量和种类，以及一天之中温度和风向的变化情况。

在孩子的床边可以放一个公告板，再准备一台收音机。孩子可以往上面贴有趣的文章、广播节目日志或从报纸上剪下来的图片。

不在床上躺着的时候，孩子可以自己做东西吃、练习打字、在花盆里种花。孩子可以做的事情几乎是无穷无尽的。是的，孩子生病在家的时候，看电视、玩电脑也不错，但是，聪明的家长会利用我说的这些学习活动让孩子打发时间。

别忘了学校，尤其是在孩子好几天不能去上学的情况下。要与老师联系，以便作出一些安排，让你的孩子能跟上班里的其他同学。

如果孩子在家休息的这几天是由别人来照顾的，要确保这个人知道你和孩子制定好的这些活动。

我的空间

对于大多数住房面积不大的家庭来说，我们可以日复一日地向孩子嚷嚷，让他们收起地板上的东西，也可以主动让生活发生一些变化。

先问问孩子，他们认为应该做些什么来把乱七八糟的东西收拾起来。注意：孩子可能对这种乱糟糟的状况感到很满意，所以，父母需要把这种状况对家里的其他人造成的不便向孩子指出来。

问问孩子，他们希望先试试哪一种办法。

◎为孩子提供一个活动空间，无论多小都可以。这可以是孩子坐在床上能用的一块桌板，也可以是装在墙上的折叠架。

可以试试在地板上铺一小块鲜艳的地毯，作为年龄小的孩子的活动区域，这有助于减少孩子想要乱占地方的欲望。

◎给孩子提供一个放自己物品的地方。这应该是一个别人"不能碰"的地方，其他人不能翻这里的东西。有了这样一个地方，孩子就应该把自己的东西收拾整齐。这个地方可以是一个箱子、床下边的一个抽屉或床上方的一个搁物架。

◎给孩子提供一个供他们挂衣服的衣架。还要给孩子提供一个可以够得着的搁物架，以便他们用完玩具后能够收起来。

废旧物品日　■　任何年龄

■　思考
■　作出理智的决定

孩子房间里某些看起来像是废旧物品的东西，实际上是孩子的"宝贝"。但是，有些物品在孩子看来也是废旧物品。给一些奖励，孩子就愿意扔掉这些东西。这个活动能使房间更整洁，还能让孩子练习数学。你需要几个纸袋、一个体重秤。

给孩子几个纸袋，并说："今天要处理废旧物品。检查一下你的衣橱、抽屉、卧室，把你想清理掉的废旧物品拿出来。作为补偿，我会付钱给你！"

当孩子把装满东西的纸袋放到你面前时，要和孩子一起检查一下，以确定袋子中的东西是否确实都是需要扔掉的。然后，把每个袋子放到秤上称一下重量。

可以按照重量给孩子付钱，具体付多少由你和孩子商量。例如：每公斤5元。让孩子算出自己应得多少钱，然后让他们把废旧物品送到垃圾箱里去。

主动做事情　■　年龄：7~12岁

■　思考
■　激发点子
■　一起听和说

这个活动是为了让孩子练习不用父母的要求，就主动帮着做一些事情。

让孩子选一个他们自己经常被父母要求做的事情，比如倒垃圾、清扫房间、洗衣服。建议孩子在两天内不用父母要求就把这件事做好。然后，跟孩子谈谈，他们在有人提醒之前就把这件事情做了吗？这让他们感觉很好吗？他们主动帮助别人了吗？他们感觉如何？

问问家里的每个人最喜欢做什么家务，以及最不喜欢做什么家务。为了显示你的魄力和慷慨，你要把某个人最不喜欢做的事情做一天。谁知道呢，一个人不喜欢的事情说不定是另一个人喜欢的。

有条理，但也要灵活

过于有条理也可能有危险。我曾经去过一些过于整洁、干净的人家，以至于我都不敢把自己的鞋子踩到地毯上。我也曾经去过整洁得几乎像是经过无菌处理的教室。

在我们的生活中，需要为灰尘、意外、变化、愚蠢的错误等留出空间。

当我向一个非常聪明的女性朋友抱怨，自己为没有计划好一天的事情而感到不高兴时，她说："哎呀，这是一个有趣的挑战。"当我不顺利时，我会尽力想起这句话，而这总能给我帮助。

活动提示

与孩子分享我们的经历

当我想到首创精神时，我就会想到我们的祖先。他们远渡重洋，只有很少的财产或者根本就没有财产，先坐马车再坐火车，来到这个新大陆谋生。

要帮助孩子了解过去。跟孩子聊聊我们的父母、祖父母、曾祖父母的这种富于首创精神的经历。谈谈今天那些为了自己和自己的孩子谋取更好的生活而来到美国的新移民。

不管我们是第几代美国人，移民精神都是我们天性的一部分。我们是敢想敢干的人。这种改变现状的愿望在我们心中燃烧，这是我们教育孩子的一种强大力量。

引出话题：我们去野餐吧

先从一些有首创精神的例子开始。不用非常刻意，日常普通的主意就可以。比如，在一个周末，你问："我们该做些什么？谁有主意？"你的孩子可能会大声说："我们去野餐吧。"

孩子想出来的这个主意会有什么作用呢？这有助于孩子的主意得到认真对待。当全家人在一起决定因为什么可以去，或者因为什么不能去的时候，孩子就知道自己的主意得到了认真考虑。如果能够尽量合理地实施孩子的主意，那就更好了。但要记住，在把孩子的主意变成行动时，孩子需要扮演一个角色。如果是去野餐，就需要购买、烹调和包装食物，甚至需要邀请朋友。孩子需要这样的练习来表现他们的首创精神。

转到更重要的问题上

主意是首创精神的源泉，谈谈下面的事情会非常有趣：

◎过快地将主意付诸行动会有麻烦吗？如果有，是哪种麻烦？

◎等待太长时间才采取行动会有麻烦吗？如果有，是哪种麻烦？

◎你有很多主意，你是马上就把它们说出来，还是等到想出一个完美的主意之后再说出来？

有一种明智的说法："完美是良好的敌人。"所以，当你想出好主意的时候，要能辨别出来。

"大能力" 时刻

■ 　建立一个小型的家庭活动角。在那里放上纸、蜡笔、记号笔、胶水、绳子、碎布和旧杂志。

　　为一件事情的后期清理做好准备是很重要的。要在开始前在地板或者桌子上铺上报纸或塑料布。这样，在孩子做完后，你能够很快地收拾干净，而不用冲孩子喊叫了。

■ 　调查表明，许多成年人会很害羞，或者在某一时期感到害羞。害羞并不是不寻常的，但会让人痛苦。

　　要克服害羞心理，需要练习。

　　用具体而不是笼统的话来赞扬孩子，有助于克服孩子的害羞心理。孩子很难对"你棒极了"这样的赞扬作出回应；而对"你今天的早餐吃得很健康"这种具体的赞扬作出回应则容易多了。

第 *6* 章

坚持不懈

完成已开始做的事情

伴随一生的评语

在学校的评语

艾伦有耐心。他能坚持把一件事情做完。

他形成了很强的专注力。

在工作中的评语

约翰逊先生是一个能把工作善始善终的人。

工作不做完，他就不会离开办公室。

当你对孩子说下面这样的话时，你就是在教孩子坚持不懈。

"首先，你必须要尝试；然后，你必须坚持。"

"如果一条路走不通，就要试试另外一条。找到走得通的路，就走下去。"

"有了开始还不够——你必须完成。"

"即使在你想要放弃的时候，也不要放弃。"

"坚持到底，就是胜利。"

这就是本章的内容——如何帮助孩子养成坚持到底的习惯。

有没有毅力是区分男人和男孩、女人和女孩的主要标志之一。毅力就是要在开始做一件事情后，接着采取应有的步骤。与仅仅发出求职简历、仅仅为创办一家成功的企业奠定基础以及仅仅赢得一场总统大选的初选相比，毅力需要付出更多的东西。

> 总会有比我们更具天赋、更漂亮和受过更多教育的人。即使具有这些优点，他们仍然需要毅力才能有所成就和有所创造。

有没有毅力，就是那些浅尝辄止的人和成功者之间的区别。

有些人或许会一夜成功，但是，当揭开这种成功故事的谜底之后，这些人中的大多数都承认，他们在这种一夜成功之前，都经过了很长时间的艰苦努力。

我们可以帮助孩子成为有毅力的人。但是，这在今天并不容易，因为孩子看到的是任何事情都能很快地完成。以前，我不得不等几个小时才能让果冻凝固，但现在冻个冰块都比以前快多了。

一般来说，我很喜欢现在的快节奏，也为即食果冻和即食土豆泥感到高兴。

但是，我自己的经验表明，给孩子制定一些需要花较长时间并且需要持续努力才能实现的目标，是非常必要的。我不认为现在的孩子得到了很多能锻炼耐心，以便为长期目标做好准备的机会。

类似下面这样一些鼓励性的话，对于培养孩子的毅力是有益的：

"我知道你会做好的。"

"你做得很好。"

"你已经报了名上那些课，就需要坚持到底。"

"事情会好起来的。你会熟练掌握的。"

然而，通常这样并不够，还要让孩子做一些能够教给他们毅力的亲身体验。这些活动不能匆匆忙忙地做，因为它们需要一定的细节和时间。我之所以选择下面这些活动，是因为它们在教给孩子毅力的同时，还能完成家里的一些重要事情。

把零散材料集中起来

有些事情让人感觉非常难办，似乎永远无法完成，我们会尽量避免去做，这些事情就包括把零碎的东西整理好。下面就是能使看起来不可能完成的事情变得稍微容易一点的活动。

自己的相片陈列室　■　任何年龄

■　阅读/写作

■　对信息进行比较和排序

这个活动能够增强家庭意识，并把那些非常重要、不能忘记的宝贵时刻记录下来。你需要一个笔记本或相册、家人的照片、钢笔和纸。

在一张大桌子上摊开照片。想出一个整理这些照片的办法。大部分时候，可以按照时间顺序整理。

把这些照片放进相册里，再配上孩子写的说明。例如："我穿着自己的第一件浴衣。"年龄小的孩子可以口述自己的说明，由父母写下来。这个活动不仅需要花时间，而且照片本身也让人感到了时间的流逝。

你或许想将一年的家庭照片做成一张拼贴画，并装进一个相框。这样，一面墙就可以成为一个家庭相片陈列室了。看着这些一年与一年不一样的照片，这些记忆会变得更加珍贵。

家庭电话号码本　■　年龄：4~9岁

■　阅读/写作

■　对信息进行分类

■　使用描述性词语

这个活动是要将对家人来说很重要的电话号码集中记到一

起，而且能让孩子练习写字以及字母的顺序。你需要一个能记录电话号码的本子、一支笔。

把重要而有用的电话号码都找出来，记在一起，包括学校、汽车修理厂和比萨外卖店的电话号码，以及常用的紧急电话号码（见第 1 章中的"求救电话"）。让孩子想想家人的姓名，别忘了亲戚、朋友们的姓名。先在一张废纸上把这些姓名列出来。

按照字母顺序把这些名字排列起来。然后，把这些人的姓名和电话号码誊到家庭电话号码本中。

这个电话号码本可以用孩子画的画或者他们从杂志上剪下来的图片装饰起来。把它放在一个顺手的地方，可以鼓励大家往上面添加新的电话号码。

家庭健康档案 ■ 任何年龄

■ 学习能力

■ 研究信息并制作图表

在大多数家庭里，家人的健康档案随意乱放，很难记住谁什么时候注射了什么。这个活动能确保将这些情况随时收集起来。坦率地说，这个活动在本书中可能是最不招人喜欢的一个。你可能不喜欢，但它却非常重要，所以我强烈希望你与孩子一起做。

你需要家人的健康记录。这包括去诊所看病的简要情况、接种疫苗的日期以及身体的检查报告。你还需要为每个家人准备一个笔记本或文件夹。

找出孩子的健康和接种疫苗记录。如果你没有这些记录，可以打电话给医生，让他们把记录寄给你。和孩子一起为孩子作一个有关疾病和疫苗接种情况的记录。下面是一个示例。

与孩子谈谈他们随着年龄的增长而发生的体重和身高变化。这有助于孩子理解生长发育的过程。谈谈孩子得过的各种儿童疾病，以及每种疾病给他们造成的身体和心理影响。你手中或许有孩子得腮腺炎时给他拍的照片。

疫苗接种记录：约翰尼　　　　　接种日期

百日咳＿＿＿＿＿＿＿＿＿＿＿＿＿＿＿＿＿＿＿＿＿

破伤风（DPT）疫苗＿＿＿＿＿＿＿＿＿＿＿＿＿＿＿

口服脊髓灰质炎疫苗＿＿＿＿＿＿＿＿＿＿＿＿＿＿＿

麻疹疫苗＿＿＿＿＿＿＿＿＿＿＿＿＿＿＿＿＿＿＿＿

风疹疫苗（德国麻疹）＿＿＿＿＿＿＿＿＿＿＿＿＿＿

腮腺炎疫苗＿＿＿＿＿＿＿＿＿＿＿＿＿＿＿＿＿＿＿

DPT 辅助药剂（1）＿＿＿＿＿（2）＿＿＿＿＿（3）＿＿＿＿＿

口服脊髓灰质炎辅助药剂（1）＿＿＿＿（2）＿＿＿＿（3）＿＿＿＿

其他：＿＿＿＿＿＿＿＿＿＿＿＿＿＿＿＿＿＿＿＿＿＿

学会努力并等待

时间是检验毅力的一个重要因素。孩子应该练习一些无法得到即时满足的活动，以表明他们愿意付出努力并等待结果。

栽种植物、观察自己的体重、学一种新技能和保持身体健康，都是需要孩子等待的活动。

特殊花园　■　年龄：4~9 岁

■　科学

■　听从指令

■　对现象进行比较和评估

每个人都喜欢看到种子发芽、破土而出。如果种子不发芽，我们可以再种。关键在于，这个活动能帮助孩子练习完成他们已经开始的一件事情。你需要两三袋种子、小盆子或牛奶箱、一把尺子，以及一个能晒到阳光的窗台或室外花园。

种子可以买到。从每袋种子中取出几粒，放在包装袋旁边，让孩子仔细看看种子的大小和颜色，感觉一下硬度，说说种子之间的差别。让孩子往每个盆子中加入大约 5 厘米厚的土，在每个盆中种上几粒种子。把盆子放在一个能晒到阳光的窗台上。和孩子一起看看种子包装

> 孩子晾衣服或者收拾餐具，并且一个晚上接一个晚上地做这些事，这些看起来并不是学业。但从最本质的方面来说，它也是学业。
>
> 凭良心说，认认真真地定期铺床或者遛狗，与学业成功之间有着很多关联。学业上的成功取决于孩子把工作做完的能力。早一些教这个道理，孩子们将始终如一地做完一件事情并从中得到快乐。

袋上的说明。说说你们应该做些什么才能保证种子的生长。

按照说明给种子浇水。然后，每天看看种子是否发芽了。种子长得很慢，要看到发芽大约需要 10 天时间。

向别人送植物，是表达"我们爱你，我们关心你"的一种方式。可以把自己种的这些植物送给病中的朋友、邻居或养老院中的老人。

保持健康：一项日常工作

保持身体健康，是一件每天都需要毅力坚持才能做到的事情。在很多人迷恋健身活动的同时，也有一些人因为不良嗜好而在毁掉自己的健康。下面这些活动能增进健康带来的快乐。即使是小孩子也知道生病不是好玩的事情。

好，干得不错 ■ 年龄：4~9 岁

■ 科学

■ 评估现象

■ 确定种类和行动计划

这个活动有助于孩子养成吃健康食品，而不吃垃圾食品的习

惯。他们会了解到，健康食品不一定不好吃。你需要笔、纸、一台体重秤和有营养的点心。

跟孩子谈谈"正确地"吃的原因——使你漂亮、更有活力。但是，还需要做些事情，在家里尝试着做一些更好的、不同的新点心。

有营养的点心包括胡萝卜棒和葡萄干、香蕉裹花生、花生酱芹菜、奶酪番茄或奶酪黄瓜片、奶酪生蔬菜以及葡萄干和坚果的混合物。

量量家人的体重。谁最重？谁最轻？尽量记录一个星期内体重的变化情况。这也是一个很好的数学练习。

> **来自田纳西……**
>
> "我们逐步开展这个活动。首先，我们找来了一个杯子并在杯子底部钻了一个孔；然后，我们往杯子中间加入土。我们种了一株 40 厘米高的豆科植物，孩子们看着他们种的植物每天长高一点，从中得到了很多的快乐。"

让孩子想出一些有趣的健康食品组合，并让他们尝试着做出来。把这些食品加进购物清单。在冰箱里为孩子留出放这些特殊点心的空间。这样，孩子就可以制作自己的健康点心了。

锻炼计划　■　任何年龄

- ■　思考
- ■　研究信息
- ■　整理一个计划

孩子有大量时间都在坐着，这对他们的健康不利。要制定并实行一个家庭锻炼计划，需要付出一定的努力。这个活动会有帮助。

跟孩子讨论一下对全家人都切实可行的锻炼计划。想想这些问题：我们是愿意自己锻炼，还是与别人一起锻炼？我们是愿意在室内锻炼，还是在室外？我们每天可以花多少时间进行锻炼？

列出每个人可以定期做的一两个锻炼项目。例如：每天在电视机前慢跑 15 分钟，上班时走楼梯而不是坐电梯。

想想你做的哪些事情可能损害你的健康。吸烟？喝酒？不吃新鲜水果和蔬菜？你能说出自己将要开始做的一件事情吗？制定一个为时一周的锻炼计划。如果你能坚持下来，想想该给自己一个什么样的奖励。然后，制定下周、下下周的计划。孩子将会受到我们的毅力的鼓舞。

假朋友：酒精和烟草 ■ 年龄：10~12 岁

■ 思考

■ 了解作决定的后果

孩子有时候会屈服于朋友的压力而吸烟、喝酒或吸毒。这对孩子的健康来说很危险，对大脑和身体都会造成损害。让孩子了解酒精和烟草的消极影响，会使孩子更容易抵制这些诱惑。这个活动能帮助孩子正视喝酒和吸烟问题。

跟孩子一起谈谈你们能想到的人们之所以喝酒和吸烟的原因，例如无聊和好奇。我们如何才能避免这些陷阱呢？这并不容易。参加体育运动或俱乐部活动会有帮助。

要确保你的孩子知道你的想法。记住，他们会看你怎么做。如果父母吸烟吸得很厉害，让孩子不吸烟就很难了。我们要求孩子做的事情，必须是我们自己愿意做的。这需要父母作出一些牺牲。但这是值得的。

报纸上经常会有冉冉升起的体育明星因为在家里吸毒而毁掉自己的报道。收集一个星期的报纸，剪下那些有关运动员吸毒或因喝酒和吸烟而引起事故或火灾的文章。跟孩子谈谈：这些事情本来是可以避免的吗？你的家人知道谁因为喝酒、吸毒或吸烟而受到了伤害吗？

看看那些表现富有魅力的人在喝酒和吸烟的广告。他们说的话是真的吗？你和孩子有什么不同看法？你要多听少说，创造一种氛围，让孩子的看法能够得到表达和讨论。

熟能生巧 ■ 任何年龄

■ 交流

■ 培养讨论技巧

这个活动能帮助孩子理解，学习有一些难度的新东西是需要练习和时间的。

跟孩子聊聊你们各自在空闲时间做的活动：游泳、缝纫、骑自行车、看小说。尽量回忆一下你什么时候学会了做这些事情，以及花了多长时间学会的。你当时做错过吗？现在还会做错吗？

我们每个人都有许多东西要学，也有许多东西可以教给别人。选一些你和孩子都做得很好的事情，考虑把这些事情教给一个朋友或家人，每次教一件。如果是棒球，或许是教如何击球；如果是缝纫，可以教如何穿针引线。

> **来自伊利诺斯……**
>
> "我的孩子与我一起叠衣服，她还叠所有的袜子和毛巾。当她完成后，她有一种真正的自豪感，因为她坚持下去直到把事情做完。"

每次增加一点难度。尽量提出有益的建议，而不是有害的批评；有益的建议是要告诉别人怎么做，而不是打击别人；要避免羞辱别人。

对于要教哪些新技能以及如何教，要作出切合实际的选择。例如，一个十几岁的孩子可能会想学开车，但这需要一个教练或一辆车来练习。如果有必要，可以让朋友或家人提供帮助。这会在这个过程中注入团队精神。

为什么随便半途而废

孩子可能会养成半途而废或者不把自己已经开始做的事情做完的习惯，但这并不一定是摆脱困境的容易办法。

我不认为任何时候都得把自己开始做的一件事情做完，但有很多事情必须要做完。这要根据具体情况而定：作为一个成年人，如果我不喜欢自己正在读的一本休闲书，我会停止阅读。但是，作为一个学生，我必须读完指定的阅读材料；作为一个雇员，我必须完成分配给自己的工作。

当我小的时候，父母让我学钢琴。正如俗话说的那样，你可罗马城不是一天建成的。但是，如果你同我们的孩子一样是一个电视迷，你或许会相信罗马是在一个小时内或至多是在拍摄一部电视连续剧的时间内建成的。

或许，我们的孩子比其他年代的人更需要了解到，事情不会突然发生，有时甚至不会很快地发生。一个目标的实现可能需要时间、长期的努力和不断的工作，但这是值得的！熟不一定生巧，但它总能生成什么东西，它还能建立、创造、实现和完成。在这个过程中，它使我们对所做的工作和我们自己有一种很好的感觉。

以把孩子领到钢琴前，但你不能代替孩子练习。我当时或许意识到了，学钢琴在我们家是一件可以选择的事情，而按时完成家庭作业则是必须要做的事情。

每个家庭都需要决定哪些事情是可以选择的，但也要让孩子知道哪些事情是必须完成的。例如，如果孩子报了名上网球课，就不应该在上完第一次课后马上退出。正如你不能指望第一针青霉素就发挥效力一样，孩子需要明白，他们应该有点耐心，给事情一个见效的机会。如果孩子做到了这一点，他们就需要并值得赞扬！

活动提示

与孩子分享我们的经历

我们当中谁没有过下面这样的梦想？

你正在音乐会舞台上演奏钢琴，所有的目光都集中在你身上，大家都很羡慕你。猜猜你忘了做什么？你猜对了——练习。

你站在讲台上，面对着数千人，即将发表 10 年来最重要的演说。猜猜你忘了做什么？你猜对了——写演讲稿。

所以，把这些梦想告诉你的孩子吧。这些梦想都很美妙，你的孩子没准会惊奇你竟然还有过这样的梦想。但是，这些都是梦想，除非你有毅力将其变成现实。

引出话题：分享我们的梦

围绕"你想实现的梦想"，与孩子交流一下。

例如，父母可能想每晚（好吧，每周一次）都享用盛宴，而不用付钱、采购或烹饪。

孩子可能想不用看书、写作业或准备考试，就能拿着全 A 成绩单回家。

哦，我们多么希望这些梦想能够成真啊。但是，现实却不这么简单。与孩子一起聊聊如何实现你的梦想。谁能帮忙准备盛宴？要看什么书、写哪些作业才能获得那些好成绩？要想享用那样的盛宴、得到那样的成绩，就必须付出时间和努力，坚持把一件事情做完。

转到更重要的问题上

要尽量从这些具体的事情转到下面这些问题上来：

◎做一件事情的过程最精彩，还是最终实现目标这个结果最精彩？

◎固执总是坏事吗？有时能成为好事吗？

◎我们怎样迫使自己做不愿意做的事情？

"大能力"时刻

■ 作为父母，我们知道什么事情重要。"我要尽力保证孩子吃健康的食品、有足够的睡眠，并且知道如何保证自己的安全，这样他们就能把注意力集中到学习上。"

"我要和孩子一起制定家里吃饭、学习、看电视和与朋友交往的日常惯例。我会为孩子制定一些限制，以便学习和玩耍在孩子的生活中占有重要的位置。"

"我们要制定吃饭、睡觉和玩耍时间的日常惯例。我要和孩子每天都讨论这些安排，并在必要时作出调整。"

■ 要认识到，孩子与所有人一样，都会有顺利的时候，也有不顺的时候。

千万不要急急忙忙地给一个"不顺"的孩子贴上"难成事"的标签。一个被贴上标签的孩子可能会陷入失败的循环中。

当父母和老师对孩子的期望越低的时候，孩子就越不努力。最好的话是："失败不是错误，不努力才是真正的错误。"

要尽量对你的孩子有一个现实的、符合其情况的期望。成年人不会期望自己在各个方面都很杰出。所以，对孩子也要这样。

第 *7* 章

关爱
表现出对他人的关心

伴随一生的评语
在学校的评语 **在工作中的评语**
唐与班里的每个孩子都是朋友。他让他们知道,他很在意他们的感受。　斯托瓦尔先生很公正、能鼓舞人。他使他的员工有一种被欣赏的感觉。他的团队士气很高。

　　你对自己孩子关心体贴他人、表达感受的能力感到担忧吗?如果是这样,你就会听见自己说:

　　"不要这么自私。"

　　"你必须关心别人。"

　　"你觉得这个世界上只有你一个人吗?"

　　"你觉得这个家里只有你一个人吗?"

　　本章介绍如何帮助孩子练习"关爱"。这涉及到对他人的体贴、关注、倾听,以及向他人学习。

"我，我，我；我的，我的，我的。"这不是音符，而是孩子们在能够熟悉说"你，你，你"和"我们，我们，我们"之前发出的声音。

当我把"关爱"列为"大能力"之一时，我面临着"关爱"与其他大能力的定义是否相适应的问题。"关爱"怎么能像其他"大能力"那样帮助孩子学习，并且使孩子愿意不断学习更多的东西呢？

我相信，"关爱"被列为一种大能力，不仅因为它"美好"，而且因为它能帮助我们相互学习。"关爱"能使别人帮助我们。人无法与世隔绝。"关爱"把人们联系在一起。它使我们和我们的孩子有一种群体意识。

如何关爱别人，在今天尤其重要。那些小家庭里的孩子，可能比那些大家庭里的孩子以及那些从一生下来就知道自己并不是惟一的一个人的孩子需要更多地学习关爱。

成长中的孩子自然而然地会将全部注意力集中在自己和自己的需要上。但是，父母和老师可以一种有意义的方式教孩子们学会关爱。

一个关爱的世界

这一章包括对家人的关爱活动，以及对朋友、邻居和其他人的关爱活动。这些活动强调"交谈"——分享想法和感受，用一些时间表达亲情和交流。

家庭便条 ■ 年龄：4~6岁

■ 写作
■ 分享信息

告诉孩子：在三天之内，你们每天都要相互送便条。你需要笔和纸。

每张便条都要说一些美好的事情。"美好的事情"指的是你们所注意到的另外一个人真实发生的事情。这或许是"你的微笑很灿烂"，或者"昨天晚上你做的晚餐很棒"，或者"我喜欢你做鸡肉的方法"。对于还不会写字的孩子，你可以把他们想说的话写下来。孩子喜欢找一些美好的事情来说。孩子首先想到的可能是不好的事情，但在被家人笑过几次之后，他们就能想到美好的事情了。

> 我们中的多数人在家庭、朋友、学校、工作和社区的同心圆里生活、工作和互相关爱。这些圆就像一块投入水池中的石头引出的圆一样，它们造成新的、不断扩大的圆。圆心是家庭，只有在家庭里，孩子才能学会技能，从而关爱我们所生活的其他圆。

选择一个地方来让大家看到这些便条。你可以把它们贴在冰箱上、便当袋上，或者在吃晚饭时互相传看。

为了让孩子有特别的惊喜，你们可以让一个"神秘人物"给孩子写一张便条。这可以是来自最好的朋友、祖父母或者邻居的一句话。

感觉如何？　■　年龄：4~8岁

■ 思考
■ 观察和讨论

这个活动能帮助孩子体会别人的感受——这是在学校内外与人相处的基础。这是一个"交谈"活动。

先从帮助孩子描述一个人的外貌开始。让孩子描述某个人（一个朋友或老师）的样子。让孩子把这个人画出来。在无法用形容词描述的时候，图画常常有帮助。即使孩子不是艺术家，他们通常也对

> 孩子相信，当你分享自己的一些"激情"记忆——不仅是你上学第一天发生的事情，也包括你的感受——的时候，你确实理解他们。
>
> 在我们每个人居住的地方附近，某个人或许需要你孩子所能够提供的帮助。这不必是很大的帮助。

自己的绘画能力更自信，而对写作能力较不自信。

问孩子"他们有什么感受"之类的问题。例如："简刚刚赛跑赢了，她有什么感受？""比尔刚刚摔了一跤，他有什么感受？""在这种感受中，他们每个人会做什么？"

让孩子试试从你的角度看他们。当孩子把泥巴带进房子里时，父母会有什么感受？当父母不得不唠叨孩子做作业或做家务时，父母会有什么感受？

与孩子交换角色。从孩子的角度想想他们第一天上学、大考来临或者被选入一支球队或未被选入球队时的感受。

问候朋友和邻居　■　年龄：4~8 岁

■　写作
■　创造性地利用语言艺术

这个活动是让孩子制作贺卡。这给孩子提供了一个发挥创造性的机会，即使他们不认为自己是艺术家。这能节省金钱，并且能让朋友们知道你多么在乎他们。你需要纸、铅笔、记号笔、旧的贺卡和杂志。

为了获得灵感，你和孩子可以花几分钟时间去商店或文具店的贺卡专区看看。要确定需要给谁送贺卡。有人需要振作起来吗？有个朋友马上要过生日了吗？

和孩子一起选出需要送贺卡的人。把纸对折，就形成了一个正面、一个背面和用于写信息的内面；从杂志上剪下一幅图片，或者在贺卡的正面画上一幅画；让孩子想出一句话，写在贺卡里；可以从旧贺卡或诗集里找找灵感；然后，写上收卡人的姓名、地址，把贺卡寄给他，或者当面送给他。

有些很珍惜这种问候的人可能就住在附近。你认识独居的老年人吗？你家附近有没有刚刚搬来的邻居？

这种贺卡不仅会受到欢迎，还是让孩子认识邻居以及邻居认识并关照他们的一种好方式（见本章"我们的街区"）。

我如何帮忙？ ■ 年龄：9～12岁

- ■ 思考
- ■ 研究信息
- ■ 制定计划

你有年纪大的邻居或亲戚住在附近吗？可以建议孩子定期为他们做一些日常的事情，每星期做一两次。根据孩子的年龄，这些事情可以是去购物、邮局、回复邮件或读报纸。

当然，对孩子要帮助的人一定要很了解、很信任。你可以先从朋友那里问问，让他们推荐认识并能够担保的人。

都是一家人 ■ 年龄：9～12岁

- ■ 交流
- ■ 一起听和说

知道如何行为举止，有助于我们了解自己的行为对别人的影响，尤其是对家人的影响。这个活动帮助孩子从家人那里得到对他们行为的"反馈"。这是一个"交谈"活动。

让家人相互"打分"，目的是积极地思考，并避免相互贬低。你希望在家里建立的是一种"我在意你的感受"的气氛。这个活动可以在任何地方进行。问：

"我能很好地倾听吗？"

"我在帮忙做家务方面做得好吗？"

"我曾经让你感到伤心吗？是怎样让你感到伤心的？"

"我让你感到高兴吗？是怎样让你感到高兴的？"

想出两件让你们每个人感到高兴的事情，两件让你们感到伤心的事情。至少要想出一件你很容易就能做到的让家人高兴的事情。

谈谈这些事情，并说说让别人感到高兴有多么容易或多么难。小事情可以起到大作用。一个吻、一块饼干、一束花和一句鼓励的话，能够很快起到很大的鼓舞作用。为了让孩子养成让别人感到舒服的习惯，他们需要了解这一点。

关于我们自己　■　年龄：7~12 岁

■　思考

■　培养自知之明和对别人的关心

这个活动能帮助孩子更多地了解别人，并让别人更多地了解自己。这是一个个人化活动，在做这个活动前，你要做几个非个人化的活动来热身。你需要笔和纸。

每个人独自完成下面这些句子，然后，比较一下答案。

当 ＿＿＿＿＿＿＿＿＿ 的时候，我感到高兴。

我害怕 ＿＿＿＿＿＿＿＿＿ 。

当 ＿＿＿＿＿＿ 的时候，我感到伤心。

当 ＿＿＿＿＿＿ 的时候，我感到好玩。

我最喜欢做的事情包括 ＿＿＿＿＿＿ 。

当我一个人待着的时候，我 ＿＿＿＿＿＿ 。

我真的很关心 ＿＿＿＿＿＿ 。

跟孩子谈谈你们各自的答案。各自举几个自己高兴和悲伤时刻的例子。这可能会让你们流泪，同时也会有欢笑。这是一个非常特殊的时刻。

来自马里兰……

与大人一样，孩子也会对一些事情有自己的看法。这里是孩子对"我们自己"的看法，试着在家里与孩子谈论这些看法。哪些是他们认可的，哪些是他们不认可的？

我高兴的时候	我希望我的家人
我赢了。	买彩票中奖。
我得了高分。	去迪斯尼世界。
我得到我最喜欢的玩具。	健康。
好的事情发生。	互相爱护。
我过生日。	帮助别人。

我们的街区 ■ 年龄：4~6岁

■ 社会研究
■ 了解社区

这个年龄的孩子尤其需要了解自己所住区域以及邻居。这对于他们的人身安全和情感安慰都非常重要。可以通过跟孩子一起画出附近区域的地图，来帮助孩子搞清楚附近住的是谁。你需要纸、剪刀、记号笔和尺子。

在纸的中间，画出你自己的家。这是你孩子的世界中心。用"X"把它标出来。然后，列出两边的隔壁邻居的名字。如果你不认识他们，可以给他们留一张便条，问问他们的名字，并向他们介绍一下你自己。

然后，把这张地图扩展到整个街区、孩子上下学的路线，以及去商店的来回路线。

这张地图随手画出来就可以，不必太在意是否合乎比例。在上面写上街道名称，以及各个地方、邻居的电话号码。

把这张地图贴在家里的每个人都能看到的地方。如果你和孩子还没有在附近地区走过，赶快定下一个日子去走走吧。

从一个到另一个 ■ 任何年龄

■ 思考
■ 发现多样化的好处

这个活动能帮助孩子理解人与人之间的不同。

想想人们可以有哪些方式使自己与别人不同，例如衣着、说话、发型以及娱乐方式。

想想人们可以有哪些方式使自己与他人相似，例如衣着、说话、发型以及娱乐方式。

你和孩子都能想出一个不能很好地与别人相处的人吗？这其中是否会有什么不为人知的原因吗？你们可以做些什么来帮助这个人吗？

跟孩子谈谈残疾以及有残疾的人，要帮助孩子培养同情心，并理解这些人的处境。

和孩子一起大声读一些有关残疾人的勇敢行为的故事。如果孩子有在学校或者与你的朋友、亲戚和邻居中的残疾人相处的经历，就更好了。

我们都知道，嘲笑与自己不一样的人，是一种孩子气的行为，但是，这种孩子气的行为可能是因为没有人与孩子事先谈过这个问题。

寻人游戏　　■　任何年龄

■　社会研究
■　了解别人
■　减少偏见和成见

和孩子一起做一个寻人游戏。

你认识说另外一种语言的人吗？你有年龄超过 90 岁的亲戚吗？想想你最近见过的一个与众不同的人，例如：一个背着旧包裹的街头流浪汉、一个坐轮椅的人、一个盲人。尽量想象一下那个人的感受，跟孩子谈谈这些人面临的问题，以及他们如何处理这些问题。

找一些来自于其他国家的人去聊聊。我们的许多社区已经变成了小联合国。要帮助孩子与移民邻居交谈。当你听到一个人说话有外国口音时，要花点时间与他聊聊，问一些我们想知道的有关他们祖国的情况，并给他们介绍一些本地的情况。

谁能帮助我？　　■　任何年龄

■　写作
■　写作的目的是为了获得
■　信息

我们总有一些事情是别人可以帮得上忙的。但是，他们必须先知道我们需要帮助。这个活动需要纸和笔。

把纸竖着划成两栏，在左栏顶端写上"我需要的帮助"，在右栏顶端写上"谁能提供帮助？"把这张纸贴到墙上。那些能提供帮助的人可以写下自己的名字。

例如，妈妈的闹钟坏了，一个来串门的朋友会修理闹钟，便提供了帮助；萨莉或许需要有人帮助她检查作业，哥哥提供了帮助。

这个活动的目的是让孩子养成利用自己的能力互相帮助的习惯。

我们身边的英雄　■　任何年龄

- **■　阅读**
- **■　叙述中心思想**
- **■　回忆和分享细节**

这个活动能鼓励孩子的善意，还能练习阅读。你需要报纸、笔、剪刀。

从报纸上剪下那些报道平凡人的英雄行为的文章。例如，有人从火中救出了一个人；一个邻居阻止了一起抢劫；一个年轻人使一个孩子避免了被车撞到。

想想你们为别人提供了特别大的帮助的一件事。一起谈谈家里的其他人做的好事，不要忘记祖父母和曾祖父母。

跟孩子一起谈谈你钦佩的一两个有爱心、不自私的人，不管是否是名人。你喜欢他们哪些地方？有什么办法能像他们一样吗？他们做了什么？想想你们可以作出什么实际努力，使自己能像这些英雄一样。

> **来自加利福尼亚……**
>
> "在我们家，当事情比较难办时，我们会花一点时间说：'让我们想出至少两个彼此友好相对的方法吧'。这听起来很老套，但却管用。实际上，想出两种方法比想出一种方法更容易。"

时间的礼物　■　任何年龄

- **■　交流**
- **■　培养时间观念和个人责任心**

赠送礼物，提供了一个让我们思考什么东西能让别人开心的机会。

　　与孩子一起聊聊人们喜欢收到什么礼物，但不能花太多金钱。想想如何自己制作礼物。烤饼干、缝一个垫子、制作飞机模型都需要什么材料？

　　想想你们要给哪些人送礼物，以及哪个人适合送什么礼物。要多想出一些，并从中作出选择。要尽量想出一些非"实物"的礼物，你可以用自己的特殊技能帮助某个人。

　　对于孩子来说，这也许是："我要与弟弟玩一个小时的篮球"；"我要为妹妹铺三天床"；"我要替妈妈除草一个星期"；"我要为汽车打蜡"。

　　对于大人来说，这可能是"在下个星期，每天晚上睡觉前，我至少为你读 15 分钟的故事"，"这个周末，我要与你一起散步"。

　　父母和孩子之间最美好的一些事情往往是不必花钱的！兄弟姐妹之间最美好、最让人惊喜的就是他们彼此关爱。

　　当布莱恩 9 岁的时候，疾病使他不得不卧床 6 个月。在这期间，他 7 岁的妹妹伊芙每天都会从学校里蹦蹦跳跳地回到家，准备去外面玩儿。但是，她总是会先来看望布莱恩，并问他："想听听我这一天的情况吗？"

　　然后，她就开始讲同学和老师的趣闻，以及一些特别的事情。他们会大笑不止。对于他们两个来说，这都是一段美好的时光。

　　这个小女孩从哪里学会了这个分享自己一天快乐的秘诀呢？这是她在家里看到的。她的父母都上班，回到家后，两个人会把当天自己身边的趣事告诉对方。她听到了，并且学会了这么做。

关爱和倾听

　　孩子真的需要有人关心他们。我母亲去世之后，父亲不得不既当父亲又当母亲。这对他来说很难，不仅仅因为他每天上下班的路上要花 3 个小时，而主要是因为，在我妈妈去世之前，他始终没有照料过孩子。

朋友们向我父亲介绍了穆莉，她是一个刚从英格兰来美国工作的未婚中年女士，她需要一个住处。穆莉想要一个家。她或许希望结婚，生育自己的孩子，但是，她却来照顾我。我们家有一个备用卧室（我哥哥已经离开家上大学了），她搬了进去，并且开始照顾我。或许她的真正目的是让我父亲娶她。这样的事情并没有发生，真正发生的事情是，穆莉在我感到自己没人管的时候照顾了我。

穆莉并没有打算像我妈妈那样对待我。但是，她在许多方面都显示出她关心我。她在一家服装店工作，这家商店为员工及其家人提供折价衣服。我经常去那里试穿衣服，并且买了她为我搞到的一些折价服装。当我父亲回家很晚时，我和穆莉就一起出去吃饭、看电影。她需要我的陪伴，我也需要她的陪伴。

穆莉非常想念英格兰和她妹妹一家。我仍然记得她卧室里梳妆台上的镜子。镜子的边上插的都是她的家人和朋友的照片。当她照镜子时，他们也在看着她。当我离开家去上大学时，她把我的照片也放到了那里。

现在，几十年过去了，穆莉已经不在了。我记得更多的是她与我相伴，而不是她为我做的具体事情。在我感到孤独的时候，她陪着我，倾听着我。如果说到关爱，陪伴和倾听就是最重要的。

```
活动提示
```

与孩子分享我们的经历

我们从报纸的大字标题以及电视上看到、听到的事情，很容易让我们认为人们不再相互关心了。

但是，我们所有的人都知道，世界上每天都有非常残酷的事情发生，也有非常感人、相互关爱的事情发生，只是后者不会成为大字标题。

这就是我总是会说起那些在"大能力"培训项目中自愿充当组织者，以帮助自己的同伴老师和家长的那些人的原因。如果我把报纸和电视上的那些新闻当作人们如何真正看待对方的晴雨表，我就永远不会预料到这些人所提供的大量无私的帮助和爱。因为这些人相互关爱的故事不会出现在新闻中，所以，确保孩子们知道这个世界上有关爱，并且有他们可以仿效的关爱行为的榜样，而不是让那些阴暗的大字标题成为他们行为的榜样，就更加重要了。

引出话题：友好和不友好

在你自己的经历中，你也看到过主动的关爱：提升你自信的上司，为你照看孩子的邻居，写便条告诉你你的孩子做了好事的老师。

让孩子举出一些关爱的例子：他们最近对谁关爱过吗？有谁一直对他们很关爱吗？

让孩子举出一些不友好的例子，他们想说任何事情都可以。想跟孩子说你遇到的一些不友好的事情吗？

谈谈兄弟姐妹：他们之间互相打架的次数比朋友之间互相打架的次数多吗？如果是这样，什么原因呢？可以对此做些什么吗？

转到更重要的问题上

"关爱"可以引起许多思考：

◎关爱他人、为他人付出，会让关爱者和付出者有什么特别感受吗？

◎自私意味着什么？你和孩子认识的哪个人是不自私的？

有一个说法：我们给予越多，得到就会越多。你对给予的乐趣是怎么体会的？孩子是怎么体会的？跟孩子谈谈给予带来的特殊回报。

"大能力"时刻

■ 很多父母喜欢在说"是"之前说"不"。我们中的很多人皱眉头要比微笑更快。一个快乐的微笑和"是"这个字，可以让全家人感到愉快。

没人指望我们始终微笑。重要的是，我们要尽可能地正面思考。

正面思考意味着，我们要尽量看到事情的光明面，而不是黑暗面。然后，我们和孩子就会更多地说"是"。

■ 要用鼓励性的词汇。"请"、"谢谢"之类的字眼有助于在父母与孩子之间建立起相互尊重的纽带。

能够有助于孩子明白他们很受重视的话包括："你愿意帮我吗？""我很高兴。""我明白了。""好主意。"

对孩子作出很快的鼓励性回应，能够鼓励孩子进一步沟通，并能保证孩子对父母也使用鼓励的词汇。

第 8 章

团队协作
与别人一起做事

伴随一生的评语

在学校的评语
吉姆能够维护自己的利益，但他与同学合作得也很好。他并非总是想做什么就做什么。

在工作中的评语
萨姆森先生是公司团队的一个忠诚成员，能与公司的其他人一起工作，并能代表大家的共同利益。

当我们与富于团队精神的人一起工作时，我们就能够看出来：

他们并非总是追求别人的赞扬；

他们有一种精神，而且能够感染其他人；

他们与别人一起欢笑，而不是嘲笑别人；

他们非常投入，并愿意作出牺牲；

他们乐于助人，而不会表现得很无助。

这一章介绍如何培养孩子作为团队一员与别人一起做事的能力，即通过合作来实现共同的目标。

团队协作不仅在运动场上非常重要，在公司和家里也非常重要。

这一章中的活动培养孩子的合作能力，以及作为团队一员的能力。

> 在大部分时间里，大多数人喜欢与别人待在一起。我们彼此从对方身上获取力量，同时也不会感到太孤独。但是，今天跟以前不一样，我们不可能总待在一起。作为一个团队，为了完成一项大的工作，我们进行分工，每个人去做这项工作的一个部分。这就是我们烹制晚餐、照管一座房子和管理一家公司的方式。

这并不容易。在这个国家，尤其是在我们的学校里，个人主义和集体合作之间很不平衡。人们想看到的是学生们的个人表现，对他们的评价也是以个人为基础的，想看到的是他们相互竞争，而不是合作。

但在学校之外，情况是不一样的。在橄榄球场上，即使是一个最好的球员也不能独自赢得比赛的胜利；一个乐队也需要一整个舞台的演奏者合作。工作评价对此表现得很清楚，要想取得好"成绩"，员工们必须一起工作、团结协作，才能完成任务。

老师们越来越强调团队协作，但是，学校作为一个机构，无法很好地做到这一点。这就是为什么父母要对团队协作特别注意的原因。

一起做事

现在，很少有人家的后院里有供孩子们一起挤奶的奶牛了。尽管仍然有需要孩子做的家务，但因为有了洗碗机和洗衣机，家务事也减少了。所以，从学校里拿个好成绩单回家，越来越成了孩子获取成功并感觉到家里需要自己的惟一方式。并不是所有的孩子都能获得好成绩，他们需要其他途径来表明自己能够成功。在家里的一些活动，即使是家务，对此也会有帮助。这些活动能让孩子意识到自己能够把事情做好，并能帮助孩子感到家里需要自己，感到自己的重要，即使是在他们抱怨家务事的时候。

一起做事与独自做事

至少有两种团队合作形式，一种是我们肩并肩地共同做一件事，例如一起传水桶灭火；另一种是我们每个人做一个团队工作中的一部分，例如打扫房间。

回顾一下，我不认为自己有过很多传水桶救火式的团队合作。在我们家里，我们通常是把一件事情分开做。我在厨房里擦洗油污，孩子们用吸尘器打扫门厅。她们并没有看着我干活，我也没有看着她们。

跟孩子在同一个地方一起做同一件事情，有特别的用处。在让孩子独自去做一件事情之前，我会先让她们在我旁边一起做事情。这不仅是为了看着她们做，也是为了形成团队合作的精神和感觉，为了看着我们一起完成一项任务。

> 的确，教孩子如何工作，一步一步地向他们展示做事的流程，鼓励他们，然后后退一步以便让他们顶替上来，需要更多的时间和耐心。比较而言，替他们做事情更容易一些。
>
> 但是，与教育孩子的许多方式一样，在孩子年幼时付出的努力是对未来的投资。

我的朋友露丝还记得她和丈夫带着孩子们上到屋顶上去一起修理屋顶板的事情。孩子们递钉子、扶梯子，他们感觉到了自己是团队的一员。

当全家人一起烤饼干，或互相为对方读故事或一起换车胎、铲雪、扫树叶时，也会让孩子产生同样的感觉。

我自己的孩子不喜欢做家务，但当我们都在同一个房间里，一个掸灰尘、另外一个打蜡或清扫时，她们发觉自己就感到愿意做了。

室外的家务，她们喜欢扫树叶，但不喜欢自己一个人扫，而喜欢大家一起干，一个人拿着袋子，另一个往里倒树叶。她们真正喜欢的是待在一起。

如果我坚持让孩子在星期六早上出去玩之前检查一下家务表上的事情是否做完了，她们就会不高兴。当别的孩子在外边等着她们，而她们的家务还没有做完时，就尤其不愿意做。我永远钦佩旁边街区的一个"真正差劲的妈妈"，如果她的孩子不打扫完自己的房间并干完其他杂活，她就不让他们出去玩。

我母亲是一个有洁癖的人，例如，别人刚从沙发上站起来，她就会拿起沙发上的坐垫，拍得像没人坐过一样蓬松柔软；如果厨房地板没打扫，她不会离开屋子与全家人一起出门，即使厨房本来就很干净。所以，我不愿意太干净。或许，这就是我并不坚持让我的孩子的卧室必须按照我喜欢的样子收拾的原因。我尽量满足于她们关上自己的房门，这样我就不必看到她们所谓的"整洁"了，那在我看来就是杂乱。即便这样，我的孩子有时仍然感到我太挑剔，而我确实也挑剔。

我想，如果我和孩子更多地一起做一些事情，特别是在一开始的时候，并且以更民主的方式来做的话，我们的情况会更好一些。下面这些活动是分开做的，但仍然能够形成一种团队协作的感觉。

如果孩子说 "让我做！" 就要让他做

很多孩子在父母要求他们做家务之前，早就请求做家务了。小孩子会恳求做晚饭或者洗车。父母常常拒绝这样的要求，因为让孩子帮忙常常意味着要做更多的事，但要记住，这只是在开始的时候。

干实事，而不是制造麻烦 ■ 年龄：4～6 岁

■ **学习能力**
■ **建立教育与职业目标之间的联系**

与孩子一起谈谈需要做的家务。问问他们觉得自己能够做些什么。孩子想要做事情的迫切愿望可能会让你吃惊。

与孩子一起制定能够达到的目标。先从容易的事情做起，再逐步做较难的事情。例如，一个 4 岁的孩子可以每天去取报纸、擦厨房的桌子。

要将事情变成游戏。你可以和孩子做同样的事情，比赛一下，看看谁先擦完桌子或取回报纸。孩子很可能会赢，并且赢的次数会越来越多。

记住，要向孩子示范一下怎么干——但不要把孩子干过的活重新干一遍。例如，当孩子第一次用吸尘器时，要向他们示范如何使用，以及用它清扫什么。一位母亲没作任何说明，就让一个 6 岁的孩子用吸尘器干活，没出 30 秒钟，一件崭新的儿童围裙便被卷进了吸尘器。这对母亲和孩子来说，都是一个教训。

分工和完成 ■ 年龄：7～9 岁

■ **学习能力**
■ **通过一起工作来培养工作习惯**

对待一件家务的最好方式是把它分成几个部分。要教孩子作为"家庭团队"的一员接受并履行家务责任。

选一项可以分成几个部分的家务。做一顿饭就是个好例子。先要做什么？然后做什么？你的清单或许是这样的：

计划做什么饭；

采购，准备食物；

摆放桌子；

事后清洁。

让每个人从这个清单中选一件事情。这些事情之间需要一些协调。当每个人都在做一件事情中的一部分时，团队精神就建立起来了。不要忘记对孩子多加赞扬!

组织家庭杂务　■　年龄：10~12 岁

■　写作

■　对信息进行分类

这个活动能帮助家人之间以一种积极的方式相互提醒该做的家务。准备好纸和笔。

将家里需要做的家务一起列一个清单。你可以把这些事情分成"每周要做的"和"每天要做的"。

每周要做的家务：洗衣服、用吸尘器打扫房间、采购食品杂货、给草坪割草。

每天要做的家务：做饭、铺床、倒垃圾、喂宠物。

和孩子一起决定这些事情应该什么时候做，以及由谁来做。把名字写在这些事情旁边。每个人要做的事情以后可以轮换。要尽量避免把这些家务分成"女孩子的事情"和"男孩子的事情"。跟孩子谈谈他们通常做的家务——例如布置餐桌、擦桌子——以及大人通常做的家务，例如洗衣服。如果可能，相互之间至少要交换一次，做别人做的家务。你们做事的方法是相同还是不同的?

交谈和思考

在团队协作中，不仅需要一起做事，还要能够作为一个团队进行思考。

目标是要帮助孩子表达自己的想法，以便家人作为一个团队能更好地了解每个人的"思路"。这样，才能使每个人的想法得到尊重。

我们在想什么?　　■　年龄：7~9 岁

■　**交流**

■　**倾听**

■　**组织信息**

要帮助孩子练习了解别人的想法。在家里做一个针对日用品的"民意调查"。备好笔和纸。

让孩子对家里正在使用的一种日用品做"民意调查"，例如牙膏或香皂。我们应该买更多这种产品吗? 如果应该，为什么? 如果不应该，为什么? 可以买什么产品来代替这种产品呢?

要做到这一点，孩子必须倾听别人的想法。在做完调查后，问问孩子了解到了什么。家人喜欢这些产品吗? 他们想要换些什么替代品? 吃饭时谈谈调查结果。

作为奖励，在下次买东西的时候，你可以买家人建议的一些新产品。这样，大家就会看到自己的愿望成真了。

我们在看什么?　　■　年龄：8~12 岁

■　**写作**

■　**为围绕一个主题的写作设计问题**

这个活动能帮助孩子针对看电视这个主题提出问题，并了解每个人的喜好。通过了解别人如何看电视，孩子就能对一个节目是否值得看形成自己的判断。你需要纸和笔。

与孩子一起选择两三个大人，了解他们怎么看电视（这些人可以是一位家长、邻居和亲戚）。

和孩子一起想出三个问题。让孩子把这些问题写下来，并留出写答案的空间。例如："你每天都看电视吗?""看多长时间?""你有最爱看的节目吗?""你想作出什么改变?"

和孩子谈谈你们了解到的情况。建议全家人作为一个团队作出努力，以保证每个人少看电视，多做些其他活动。

你的看法是什么？　■　年龄：10~12 岁

■　**交流**
■　**作决定前考虑各种选择**

"是的，我们能。不，我们不能。"

孩子们经常不同意父母制定的规则，而只能从自己的角度看问题。

这个活动能让孩子更容易了解争执双方的观点，能教他们像一个团队成员那样思考。

选一个有争议的规定。例如：什么时候做家庭作业？在第二天要去上学的日子，晚上最晚几点睡觉？看什么电视节目？

问问孩子对这个规定的看法。如果是有关就寝时间的，孩子或许会说："规定睡觉时间不好，孩子应该在想睡觉时再上床睡觉。"让孩子提出这个看法的至少两个理由。孩子可能会说："如果我很早上床睡觉，就会错过最好看的电视节目。"你要认真倾听。

现在，让孩子找出另一方的两个理由。孩子找出的一个或许是："孩子需要睡眠，以保证第二天上课不打瞌睡。"

提出正反两方面的理由，是帮助孩子学会在作决定之前考虑各种选择的一个极好的方法。当孩子在想正反两方面的理由时，你也要想一想。要向孩子解释你的看法，认真谈谈你们观点之间的差异。每个人的观点都有道理吗？你们需要改变哪个规定吗？实际上，当孩子参与到家庭规则的制定之中时，他们就会成为非常讲道理的团队成员。

金钱——花费与分摊

金钱是教给孩子团队合作的一个很方便的工具。这可以促使家庭成员齐心协力省钱，想出如何分配钱，以及如何用钱。下面是三个活动。

乱花钱　■　任何年龄

■　数学
■　在日常生活中培养数学意识

这个活动能帮助孩子一起节省全家花在水电上的钱。孩子可能会浪费电和水，甚至不知道这需要花钱。这个活动需要一些水电费账单。

看看你家用电的情况。检查一下，看看是否忘了关掉灯、收音机或电视机。跟孩子谈谈节省电费的方法，例如，没人在家时要关掉空调，或晚上睡觉后要调低暖气的温度。

看看家里用水的情况。想想你们的所有用水方式——洗碗、洗澡、做饭。然后，谈谈节约用水的方法。

在接下来的几个月里看看账单，看看节省水、电的效果如何。

我的份内之事是什么？　■　年龄：10~12岁

■　数学
■　识别关系

这个活动能让孩子练习了解并支付自己应付的账单。这能培养孩子在全家人的共同努力中承担起自己的责任。你需要报纸、纸和笔。

至少想出一件家里想要或需要的东西。在报纸上找到这种东西的广告。假想全家人要平均分摊买这件商品的钱。例如：家里决定买一台新的DVD播放机，或许需要200元，如果家里的每个人平均分摊，每个人要付多少钱？

想想你自己每天的生活费用。午餐费和交通费就是很好的例子。算算你一个星期要花多少钱。你有办法节省这些费用吗？

可以想一件更大的事情。比如，假想要去度假。考虑一下要去哪里，总共要花多少钱。在报纸的旅游版上选一个度假地点。看看广告，并看看你的孩子是否能够想出办法来制定一个你负担得起的家庭度假计划。

购物　■　年龄：7~12 岁

■　**数学**

■　**用数学把阅读和写作联系起来**

这个活动能帮助孩子学会为买一件自己需要的商品而比较价格。你需要报纸上的产品广告、二手商品分类广告，以及铅笔或蜡笔。

让孩子从报纸广告中挑选一件要"买"的商品。这或许是一辆自行车或一台电视机。和孩子一起把最佳选择的几个广告标出来。跟孩子谈谈这些商品，让孩子与家里的其他人讨论一下这些广告。他们认为哪些是最佳选择？

比较一下大件商品的分类广告中的价格，例如房屋或汽车的广告。这有助于孩子们考虑需要花大笔钱的购买。去参加一个拍卖会。去看看报纸上介绍的跳蚤市场。这些活动很有趣，商品的价格还为孩子提供了练习数学的机会。你甚至不必买任何东西！

了解团队协作

好榜样就是好老师。新闻媒体给我们提供了榜样，很多是坏榜样，但也有一些是好的。用那些好榜样向孩子说明，人们努力协作能产生多么不同的影响。

而且，可以看看你身边活生生的例子，或许就是你的邻居、朋友和亲戚。这些人可以告诉你的孩子，他们是如何在社区和工作中与别人一起工作的。

互相帮助的人　■　年龄：8~12 岁

■　**阅读/写作**

■　**与新闻媒体一起工作**

你需要新出版的报纸、一台电视机、笔和纸。

和孩子一起找出至少两篇让家人受到触动的发生在外国的事

件的报道文章。例如，非洲的一场干旱导致粮食短缺。

一起谈谈这些事件。这种事会在这里发生吗？一起在报纸上找找或想想影响到了你所在地区的一种情形的报道。例如，社区里的一所学校关闭了。谈谈这件事。你们能为此做些什么呢？

让孩子选择一个新闻事件，并追踪几天这个事件的发展。要尽量找一个涉及到人们互相帮助的话题。追踪报纸上的相关消息，收听广播，收看新闻。一起讨论一下。

采取行动：帮助孩子就影响到了你们家所在地的事情给报社编辑写一封信。例如，建议为孩子设立一个放学后的托管中心。要向你的孩子解释，这是让他（或她）的观点被人了解并改变别人看法的一个途径。

如何让别人帮助你？　■　年龄：10～12 岁

■　交流
■　与成年人打交道、获得讨论技巧

我们中许多人都亏欠了别人很多。这些人就是我们的"导师"、与我们一起工作的人、一直帮助我们的人。通常，我们亏欠的人是我们的父母，但并非总是父母。一个"导师"可能是一个朋友、一个同事或者一个关心我们的长辈。这个交谈活动，就是要帮助孩子了解那些从团队协作意义上来说能指导他们的人。

邀请几个朋友到家里来，让他们跟你的孩子说说对他们的生活有重大影响的事情。你也要把你的经验跟他们的孩子说说。有时候，由一个外人讲一件事情，我们更能听得进去。

而且，你的孩子也许能从中选择几个新的"导师"。

幽默有益

无论是在小机构还是在大公司里，与别人一起工作都可能是一件令人头疼的事情。

我们都有些时候——常常是在开会时——想站起身来大喊一声："我要辞职!"或者"你们都被解雇了!"

> 具有针对自己的幽默感是一种必不可少的生活技能，或许也是最根本的"大能力"。嘲笑自己和嘲笑别人有着很大的区别。在嘲笑自己的同时又不完全否定自己是明智行为。这种幽默是一个连接器，是联结别人及其经历的纽带。

我在白日梦或噩梦中就会这么做。在一些很难开下去的会议中，我发现了另一种方法，似乎有帮助——因为很幽默。

在我办公室的会议室里，我保存着一片很大的阿司匹林。它的直径为 15 厘米，是我在纽约的一家特别的商店里发现的。当会议毫无进展，每个人似乎都感到头疼的时候，我就把这片阿司匹林扔在桌子上，大家都会大笑起来。这很有用。

如果我们在家里或工作中的争论中要看到解决问题的前景，就一定要能发现争论中能让我们每个人开怀大笑的东西。或许当时就能发现，也可能在一天或者一周以后才能发现，但任何时候都会令人开心。

团队协作的重要性

当我问一家公共关系公司的高级管理人员，他们公司招募新员工或者提升员工时，最注重员工的哪种特质时，他毫不犹豫地说："能够与别人共事的人。我们需要靠得住的人、忠诚的人和能与别人合作的人。"

现在的工作比以往更加依赖于人际技能——不仅在公共关系领域，整个经济中都是如此。大多数求职者将会发现，这越来越重要。

除了这一部分活动所提供的练习之外，日常新闻中也经常有一些能让我们与孩子讨论团队协作的文章。各种各样的新闻报道都会涉及到团队协作——从体育版到商业版。似乎每个人都在作为团队一员而工作，包括科学家。很少有人能够完全独自完成一项主要工作。写书或许是一个例外，但在出版过程中人们必须一起工作。挑战在于，要保证团队中的每个成员都有机会作出贡献。

┌─────────────────┐
│   **活动提示**   │
└─────────────────┘

与孩子分享我们的经历

似乎每个人都在谈论团队协作。我们会在报纸的体育版和商业版上看到有关团队协作的文章。这是成功的关键。有些人把它称为当今最急需的"大能力"。

很多孩子知道成为一个运动队中的一员意味着什么。但是，他们通常不知道在工作中和家里成为团队一员意味着什么。

这就是将你在工作中和家里获得的团队协作经历告诉孩子之所以如此重要的原因。这些经历不可能都很愉快。例如，你可能会想起工作中的上司或者同事不干他们份内的工作，而把事情推给你做的某些时候。

你还可能想起你们作为一个团队赢得巨大胜利的时刻。只要孩子愿意听，你就应尽可能多地与他们分享你的经历。

引出话题：搬家的日子

你可能会发现，谈一个具体的问题会很有用。例如，如果你们最近搬了一次家，打包和拆包一般来说是不可避免的，你的家人就会直接体会到团队协作的需求。

当一个家庭搬家时（不管我们认

> 我们要找的是团队协作者，不是唯唯诺诺的人，而是互相帮助以便变得更加强大的强有力的贡献者。

为家里的东西是多么少），如果每个人都参与，事情就好办得多。如果你刚刚搬了一次家，就跟孩子谈谈每个人都做了什么。如果你正在考虑搬家，并且感到害怕（谁不害怕呢?），现在就是大声说出每个人应该做什么的好时候。

转到更重要的问题上

你可以从这些具体事情转到下面这样的问题上来：

我们什么时候喜欢与别人一起做事?
我们什么时候喜欢并且需要独自做事?
我们作为团队成员，在家里要做什么?
我们应该把哪些家务变成团队协作的事务?

如果家里有人在做一件事情的全部或几乎全部（例如，总是妈妈自己做饭），那么，团队协作就是在此时适合你们家的"大能力"。

"大能力" 时刻

■ 你作出如下保证，会使孩子更成功："我将与孩子一起努力让家成为一个适合学习的场所。我们将用日程表、公告牌、闹钟、报纸和杂志把家里的事情安排得更有条理。"

"我们将利用一棵植物、一幅画、一本彩色记事本或一个新画夹使孩子学习的地方更有生气。这将成为孩子的专属空间。我将鼓励孩子每天都利用这个空间。"

■ 让孩子告诉你他们在一天中的经历，常常是很困难的事。但是，有一个简单的方法。不要说："今天怎么样?"因为这是一个太大的问题。相反，要从不具有威胁性的具体问题入手：
"你喜欢今天的午餐吗？"这不像"你今天得到一颗星没有"那么
有威胁性。

没有威胁性的开场白几乎总是能够引导孩子多说一些，孩子
可能会自己提到你一开始没有问的敏感话题。

第 *9* 章

常识

利用良好的判断力

伴随一生的评语

在学校的评语
琼知道如何分配自己的时间以完成作业，而且她还能留出时间在交作业之前检查一遍。

在工作中的评语
桑顿博士具有把事情安排得井井有条的能力。即使在压力之下，她也不慌乱，而且能继续认真地做事。

你的孩子有常识吗？如果没有，可有很多父母与你作伴呢。

我们都希望自己的孩子：

知道因果关系，包括明白他们所说的话会对别人造成影响；

在对待时间、金钱问题时，能表现出平衡能力和判断力。

而且，除了这些大事以外，我们还希望他们在车上能系上安全带，能抵制住整天坐在电视机或者电脑前的诱惑。

这一章的活动能帮助孩子获得这种常识。获得常识是一个渐进的长期过程。当父母恼怒地问"你的常识究竟在哪里"时，孩子能给出的最真实的回答是："正在有。"

常识并非那么常见。孩子之所以不运用常识的一个原因是，常识并非是天生就有的，而是必须通过经验和实践才能获得的。

我为自己现在所具有的常识而自豪，但是，我以前并没有常识。

当我 11 岁的哥哥发明了一种能够爬到我们家旁边的树顶上去的椅子时，他问当时 7 岁的我是否想坐坐，我非常高兴。接下来，我记得自己升到了空中。椅子上绑了一根绳子，我哥哥和他的朋友伊万把绳子抛过最高处的一根大树干。他们要做个试验，看看他们是否能拉着绳子把我和椅子升到树顶上去。

确实能。我和椅子到了那根大树干处。但是，我在半空中环顾自己的周围，开始大叫起来："让我下来！让我下来！"听到我可怜的恳求，他们松开了绳子。我们马上就知道了什么是重力，尤其是我。如果我不是落在了草地上，早就粉身碎骨了。我认为我的恐高症就是从那天开始的。我哭着跑回了家，去告哥哥的状，妈妈问我："那你的常识到哪里去了？"我不知道，但我当时感觉，常识更可能在我疼痛的屁股上，而不是在脑袋里。

我们能不能教给孩子一些常识，或者至少教一些基本常识，以免孩子不得不通过痛苦的经历和试错过程才能学会呢？我相信能。

不像阅读和数学之类的科目，常识没有课程。最好的办法是找出那些需要常识的领域，然后想出让孩子通过练习获得这些常识的方法。这就是我在本章要做的事情，这些活动涉及需要常识的不同领域。我们要一点一滴地指导孩子获得常识。

收集信息

当你有常识时，你会尽量理解不同的观点。当你有常识时，你就有了洞察力。

为此，孩子需要知道如何获得信息，而且不仅仅是从教科书上获得。信息能帮助孩子作决定，并避免草率地得出结论。本部分中的活动，不仅要从身边事物中收集信息，而且要从别人那里收集人们的信息。

这些活动可能看起来很有趣。实际上也确实有趣，但是不仅有趣，还有助于增强孩子内在的信息收集能力。

仔细的眼睛　■　年龄：4~9岁

■　阅读/写作
■　词汇积累

在房间里四处看看，让孩子说出看见的每样东西的名称。这个活动能培养孩子的观察能力。开始的时候，孩子可能说不出多少，但要鼓励孩子说出从地板到天花板的每样东西的名称。

把几样东西放在桌子上。让孩子仔细看，然后闭上眼睛。拿走一两样东西，让孩子说出你拿走了什么。然后，跟孩子轮换，让孩子来考考你。

让孩子观察放学回家路上看到的每一样东西，看看有多少是自己以前从来没有注意过的。例如，一根折断的树干或一个停车标志。

留心很重要。一位参加我们项目的父亲——现在是一位单身家长——这样说自己："我会留心工作中的任何事情，但我在家里一点都不留心与妻子的关系。"留意人际关系在本章后面会有介绍（见"有关人的常识"）。

记忆延伸　■　年龄：4~9岁

■　思考
■　回忆细节
■　练习顺序

要鼓励孩子收集信息，可以试试下面这样的问题：

"我们家的后门是向里开还是向外开的？"

"你是先穿右脚的袜子还是先穿左脚的袜子？"

"家里吃饭最慢的人是谁?"

"你早餐吃的什么?昨天晚餐吃的什么?一顿饭一顿饭地往前回忆,看看你能够记起多久以前的事情。"

让孩子提出一些需要你回答的问题。你在回答这些问题时,遇到的麻烦或许比孩子碰到的还要多。这是一个能让人谦虚的练习,即使对那些位高权重的高级管理人员也是如此。

猜测　■　年龄:4~9 岁

■　科学

■　进行猜测

■　检查证据

每个人都必须会猜测,它的另一个名称是"假设"。好的猜测是那些建立在事前收集尽可能多信息基础之上的猜测。这个活动需要一个码尺和一台体重秤。

问孩子一些"猜测"的问题,并让孩子也问你这样的问题:这个房间有多宽?车道有多长?拿着码尺去检验一下你们的猜测是否正确。

跟孩子谈谈重量。然后,猜猜各种东西的重量是多少:一台电脑?一本书?母亲?哥哥?然后,实际称一下。

这些活动能帮助孩子在知道什么是事实、什么是猜测的基础上作出判断。

检查　■　年龄:7~12 岁

■　思考

■　评估信息

检查是一种"常识"行为,可以通过用一种简单易懂的方式问孩子一系列问题来教孩子。

例如,我们检查了下面这些事情吗?

◎在旅行出发之前,汽车里有没有汽油?

◎在超市里买的鸡蛋上有没有裂缝?

◎我们要买的衣服上有脱线的地方吗?

◎在横过马路时，有没有汽车过来——即使在绿灯的时候？

我们可以让孩子养成做这些检查的习惯。即使做了各种检查，世界上仍然会有许多意想不到的事情发生，但是，一些日常使人不愉快的事情可以因此而得以避免。

为了让孩子保持警觉，试试下面这个活动。给孩子看一个被虫蛀过的苹果的好的一面，问孩子："这是一个好苹果吗？你能把它全部吃下去吗？"然后，把苹果转过来。这会让孩子知道，必须了解事情的各个方面。这是一个能让孩子学到宝贵一课的小把戏。

利用线索　■　年龄：4~8 岁

■　思考
■　演绎推理

要帮助孩子学会运用线索。这是一个能让孩子习惯于看到细小但重要的细节的活动。这种能力对于阅读、数学和科学来说是很重要的，而且是每个家庭每天会用到的基本常识。

你开始可以这样说："我正想着一样东西，是一件物品，就在这个房间里。"然后，每次给出一个暗示，说出这个物品的尺寸、颜色或用途。例如，如果你想的是茶碟，就可以说："它像一张薄饼那么大"，"颜色是蓝白相间的"，"是放在茶杯低下的"。每给出一个线索，就让孩子尽量猜猜是什么。如果孩子猜不出来，就继续给出线索。如果有必要，可以把线索说得更明显一些。然后，与孩子交换，让孩子给你提供线索。要向孩子解释，这样做的目的不是为了捉弄人，而是为了提供恰好的信息，以猜出这个物品来。

向孩子描述另外一个房间里的一件物品，让孩子猜猜是什么。然后，让孩子到那个房间去检查一下你提供的线索是否准确。例如，你对沙发颜色的描述准确吗？为了变变花样，可以让孩子去那个房间把你描述的东西画下来。你和孩子在这些活动中也要尽量交换一下角色。

问问题　■　年龄：9~12岁

■　学习能力
■　研究信息

这个活动能使孩子有信心从自己身边的人那里获得信息。

让孩子问问父母、亲戚和邻居的工作。他们怎么选择了这个工作？他们喜欢自己的工作吗？

跟孩子谈谈近年来工作发生了怎样的变化。你的祖父母和父母做的是什么工作？他们住在哪里？现在与过去比真的变化很大吗？

"运用线索"和"问问题"表明了随着孩子年龄的增长，收集和理解信息的能力的变化。年龄稍大的孩子的活动，要求孩子能够与别人进行信息收集的对话，甚至主导这种谈话并在谈话中不断提出问题。当孩子有能力这样做的时候，就表明他们越来越成熟了。

有关人的常识

所谓"人的常识"，涉及的是对他人的关心，但还意味着从别人的角度看问题，尽量设身处地为别人着想。

为了帮助孩子做到这一点，下面提供了几个真实的场景，让孩子选择应该怎么说。常识会支配你从下面每个场景的三个回应中选择哪一个。你和孩子或许马上就能作出正确选择。

我们应该说什么？

与孩子一起大声读出下面这些场景。在看可供选择的回应之前，想想你会怎么回应。问问孩子会怎么回答，以及他们选择那个回答的理由。如果你和孩子都认为正确的回应是显而易见的，那就更好了。奇怪的是，即使我们"知道"正确的回答，但有时候也很难那样回答。这需要养成习惯。

成绩单

安妮总能得到好成绩，她小学时期成绩单上的成绩都是 A 或者 B。但她在七年级带回家的第一张成绩单上，有三个 C。她的父亲看着成绩单，感到自己马上要脱口而出："你怎么得了这么多 C？"然而，他没那样说，你认为他是怎么说的，以及为什么要那么说：

a."你什么时候才能适应初中的学习啊？"

b."你姐姐从来没有得过 C。"

c."刚到一个新学校很不容易。你很快就会熟悉老师和同学的，到那时就容易了。"

厨房地板

八岁的汤姆走进厨房去冰箱里拿一瓶饮料。地板还有点湿，因为妈妈早上刚擦过。汤姆手里拿着饮料滑倒了，粘糊糊的果汁洒得到处都是。妈妈走进了刚才还一尘不染的厨房，发现此时又变得一片狼藉了。她感到自己真想大吵汤姆一顿。然而，她没那么做，你认为她说了些什么，为什么要那么说：

a."你为什么这么笨？"

b."好啦，总会有意外的。我帮你把这儿收拾干净。"

c."你做什么事情都是这样。"

邻家男孩

利娅只有 9 岁，但她真的喜欢上了街道对面一个叫米歇尔的男孩。这个男孩家已经在南美洲住了一年了。在他们回来前的一个月，利娅每过一天就在日历上划去一天。她把这件事告诉了自己的朋友玛戈。终于，那个重要的日子来到了。他们回来了。利娅和米歇尔害羞地打了招呼。玛戈也在，你认为她会说什么：

a. 什么都不说。

b. "伙计，利娅真的很想你!"

c. "利娅一直在数着日子等你回来。"

经过雨水洗礼的生日聚会

几个星期以来，艾米一直在盼望着自己的 10 岁生日野餐会。那一天终于到来了，但从早上就开始下雨了，而且要下一天。她 15 岁的哥哥萨姆一直在帮她准备生日聚会，他把她叫醒了。你觉得他会说什么:

a. "为什么我们总是碰到这种事情?"

b. "不要着急，我们在家里也会玩得很高兴。"

c. "我再也不帮你准备聚会了。"

自行车比赛

戴维正在参加 5 年级的自行车比赛。他已经和父亲一起训练几个月了。当他出发时，自行车碾上了一块石头，他摔倒在路边。当戴维扶起自行车时，他发现车架歪了。他的父亲就在赛道边上，你认为父亲会说什么:

a. "我们找一件工具把车架弄直吧，下次比赛时你还可以用这辆自行车。"

b. "我们干脆回家吧。"

c. "你为什么非要那么做?"

答案

下面的答案都是基本常识，甚至会让我们疑惑为什么我们有时要说一些羞辱人的话。或许我们需要练习大声说出这些正面的答案，以便我们能更容易脱口而出。

场景	答案
1	C
2	B
3	A
4	B
5	A

我们为什么说出那样的话

跟孩子谈谈人们为什么会说出那样的话，不要用华丽的辞藻，而要与孩子谈谈那样说话的动机、引起的对方的辩解和敌意。你可以自己设想出一些场景，以及各种回应。

通过听父母的回答以及练习自己给出积极回应，孩子能获益匪浅。任何时候开始都永远不会太晚或太早。

有关时间的常识

我们的时间永远不够，是吗？我们既有无事可做的时候，也有事情太多的时候。孩子似乎总是处于这两种极端状况中的一种。他们会说："我很无聊，没有任何事情可做。"或者"嘿，我可没有时间做那个"——尤其当"那个"指的是家务时。下面的活动是要给孩子一些有关时间的常识。

多长时间？ ■ 任何年龄

■ **数学**
■ **进行预测和估计**

这个活动需要笔和纸。

花点时间谈谈家人的时间是如何度过的。例如：我们花多少时间看电视？花多少时间睡觉？花多少时间做家务？花多少时间做家庭作业，或与朋友玩儿，或者打电话？

这是要你们估计，而不是要实际测算；你们会以昨天或者上个星期所花的时间为基础作出有根据的猜测。在每个人的名字后面，记下这些估计结果。

这可以成为你们讨论时间的热身活动。这个活动能让孩子想想自己的时间是如何用的，而不用判断时间用得是否合适。实际测算所花时间以及判断时间用得是否合适，可在稍后进行。

时间如何流逝　■　任何年龄

■　**数学**

■　**观察和作记录**

时间飞逝，但它是可以计算的。最终的目标是尽量管理好时间。但是，我们先要看看自己的时间是如何用掉的。你和孩子要各自记录一天自己时间的使用情况。你需要两张硬纸板，你和孩子每人一张，还要一把尺子、一支铅笔或者记号笔。

在每张硬纸板上画一个圆，可以用一个大盘子辅助。要把这个圆分成 24 等份，每等份代表一天中的一个小时。可以先把这个圆分为 4 等份，再把每一份分成 6 等份。

选择一天，最好是工作日。先把睡觉的时间涂成阴影，然后，把上学或上班时间涂成阴影。剩下的时间都做了什么呢？是自己待着还是与朋友在一起？上班或上学的路途上用了多少时间？做家庭作业或做家务用了多少时间？看电视的时间是多少？用电脑的时间呢？吃饭的时间？从事业余爱好所花的时间？

记录几天，然后把这种时间纪录图比较一下，这会很有趣，而且会让你和孩子有很多事情可以谈。

有关时间的愿望　■　任何年龄

■　**交流**

■　**显示信息**

这个活动需要上一个活动中画出来的时间记录图。

拿出你们的时间记录图，看看你想作出哪些改变。你理想的一天是什么样的？你会多睡一会儿，并减少路途上的时间吗？你会缩短吃饭时间而在业余爱好上多花时间吗？你会少点独处，而多陪伴点家人吗？跟孩子谈谈这种理想的一天，看看你能够作出哪些小小的改变，让你现在的日子与理想中的一天更加相符。

为你的计划排定时间　■　年龄：7~12 岁

■　思考
■　组织信息

　　这个活动为孩子提供制定计划的练习。你需要纸和笔。

　　让孩子想想他们愿意做什么活动，并让他们预计一下开始每个活动的时间。星期六是做这个活动的好时间。和孩子一起写下他们认为每个活动要开始的时间。例如：8 点起床，8 点 30 分洗漱收拾完毕，9 点吃完早餐，9 点 15 分开始打棒球。

　　当孩子开始一个活动时，让他们在计划表上预计时间的旁边记下时间。预计的时间与实际时间有多大差别？

　　这个练习对孩子有几方面的好处，能帮助孩子开始管理自己的时间，对自己时间的运用有更多控制，而且，还能教给孩子将学校布置的长期作业——比如学期论文——分步骤完成的技能，这种作业是无法在该交作业的头天晚上一夜完成的。

怡人时刻

　　人们越来越担心，我们把孩子的时间安排得太紧了，担心我们想让孩子始终忙碌，担心我们在他们应该还是个孩子时就"催促"他们成为成年人。

　　我不认为孩子需要始终忙碌或者要显得很忙碌，对成年人来说也是如此。不论是成年人还是孩子，都需要找出时间看看云彩、洗个泡泡浴、看看小说、与宠物玩耍、与别人静静地坐一会儿。这就是以前所说的"闻闻玫瑰香"的时间。

　　上面介绍的常识活动不仅能使我们更好地了解自己的时间是怎么使用的，而且给我们提供了省出更多怡人时间的机会。

有关金钱的常识

金钱不是万能的，但它是每个家庭天天都要关心的，而且还能用来培养孩子的常识。让孩子做金钱方面的练习很重要，因为这能给孩子一种"胜任"的感觉，这种感觉能够延伸到孩子做的其他事情中。

孩子甚至会用零花钱做一些可笑的事情。这或许没什么，但是，我对浪费金钱的态度是：我不喜欢。我的丈夫也不喜欢。最近，我问小女儿是否记得她小时候浪费过钱，她说当然浪费过，而且我们对此当然感到很生气。

那好像是她 6 岁的时候，她把自己一个星期 75 美分（这在当时不是一个小数目）的零花钱都买了口香糖。更糟的是，她把口香糖的包装都打开了，并把这些打开的口香糖放在餐桌中央的一个盘子里。我一点都不记得这件事了，我的丈夫也忘了。但我们的女儿告诉我们，当我们下班回到家里，看到干透了的口香糖时，我们两个都生气了，并说了父母们常说的话——"你没有常识吗？"和"你为什么要这么做？"结果是她的零花钱被削减到了 35 美分，因为很明显，她并不真正需要更多零花钱，而且多出来的钱只会浪费掉。

现在想起来，我们或许反应过度了。女儿所做的事情虽然只是有点与其年龄不相称（买的是开胃口香糖），但却是愚蠢的。或许就是从这件事开始，我决定应该让她了解金钱的价值。这就是本章活动的由来。我们的女儿现在已经 30 多岁了，她说自己从这些活动中了解了金钱。

对待金钱是一件很严肃的事情，但可以通过很容易的常识方式来教给孩子。

整钱和零钱 ■ 年龄：3~6 岁

■ 查看报纸广告
■ 数钱

这个活动能帮助孩子看报纸广告，并搞清楚 10 元钱能够买多少东西，以及将 1 角、2 角、5 角和 1 元的硬币怎样相加到 10 元的各种方法。你需要报纸上的生活广告、剪刀、胶水、纸和各种零钱。

让孩子和你一起看看广告，找到那些 10 元或更少的钱可以买到的商品。把这些广告剪下来，每一份广告单独贴到一张纸上。

为了教孩子学找零钱，可以试试下面这个活动。把不同面值的硬币分别放在一个冰盒的不同格子里。给孩子一个 5 角的硬币，让他用其他面值的硬币凑成 5 角钱还给你。再用其他硬币组合做这个活动。作为奖励，可以让孩子用硬币从自动售货机上买一个自己喜欢的商品。

还可以用孩子的零花钱教数字组合。第一个星期用 20 枚 5 角硬币给孩子 10 元；第二个星期，用 10 个 1 元硬币给孩子 10 元，等等。

昨天和今天 ■ 年龄：7~9 岁

■ 思考/数学
■ 利用家庭帐单了解价格

这个活动能让孩子更清楚地理解日常生活费用，以及各年生活费用的变化，还能帮助孩子了解你的童年生活。你需要购买日用品的发票、账单、纸和笔。

把一些账单收集到一起，列出每项服务和应付的费用，把账单的名称写在纸的左侧，把所花费用记在右侧。

把纸折叠起来，以便把费用部分隐藏起来。这就把这个活动变成了一个游戏。

让孩子估计每张账单应付的钱数，把孩子估计的数目记在该项目的旁边。然后打开纸，显示出实际费用。你可能会很吃惊地发现，孩子对租金、日用品费用和电话费几乎没什么概念。

跟孩子谈谈从你小时候到现在物价的上涨。例如："我记得当时买一块糖要 2 分钱"或者"我记得当时看一场电影用不了一元钱"。告诉孩子，你小时候会为买什么攒钱以及如何攒钱。如果你小时候有零花钱，告诉孩子是多少。

在去超市或商店的路上，跟孩子谈谈同样的钱在不太久之前能比现在多买多少东西。当然，别忘了告诉孩子现在的工资也高了。分享这些记忆是帮助孩子更好地了解你和你的过去的一个好方法。

吃得好，花钱少 ■ 年龄：4~9 岁

■ 阅读/思考
■ 利用广告来制定健康食品采购计划

这个活动通过让孩子制定有营养而花钱少的食物采购计划，帮助孩子练习数学。要用到报纸上的生活广告、笔和纸。

和孩子一起谈谈本周家里要吃什么，制定一个两天的食谱；让孩子负责确定其中一顿饭的食谱。与孩子一起看看广告，寻找所需要的食材或替代食材的优惠券或打折促销信息。

和孩子一起确定所需食物的数量，算出这顿饭的花费，再除以将要吃饭的人数，这样就能算出这顿饭的人均花费了。

在去商店之前，和孩子一起检查一下你们的橱柜和冰箱，看看家里已经有了什么。如果可能，让孩子跟你一起去商店，让孩子选择某些食物并付款。**两点提示**：记住要在你不饿的时候去购买食物，如果你肚子空空，购买就会超出自己所需；为了买得最合适，要看单位价格，这能帮助你和孩子对不同公司生产并且包装不同的同类食品的价格进行比较。

少花钱，买衣服 ■ 年龄 10~12 岁

■ 数学
■ 利用广告作预算

青春期前的孩子会买很多衣服，至少他们想这样。他们或许

还知道如何买衣服才省钱。这个活动会有帮助。你需要商店的商品目录、报纸广告、笔和纸。

假想你们各有 250 美元可以用来买衣服。假想你一件衣服都没有，要从头到脚买一季的服装。要利用报纸和商品目录，对"将要买的衣服"进行比较。

跟孩子谈谈买过季服装和其他商品的好处。想想你们各自想买的一件商品。什么时候买最好？价格贵不贵？制定一个存钱（存在家里或银行里）计划，以便到时候有钱买。

你和孩子都要作一个服装预算，要把孩子的零花钱和做其他事情挣的钱都包括在内，算算你什么时候可以买自己想要的东西。一定要留一点余地。

存钱与银行 ■ 年龄：10～12 岁

■ **数学/阅读**

■ **接触银行资料**

这个活动能帮助孩子了解银行帐户，并提供如何存钱的建议。你需要笔、纸，甚至可能需要准备好一笔开储蓄帐户的钱。

参观几家银行，以得到一些服务资料和小册子。和孩子一起看看这些资料并讨论一下，确定哪家银行最方便。哪家银行提供的利息最高？这家银行要收什么费用？考虑为孩子开一个储蓄帐户（银行可能需要一个最低存款额），让孩子回答银行职员的问题并填写申请单，尽量让银行将对账单寄给你的孩子签收，或者由你和孩子共同签收。检查对账单对孩子来说是很重要的。

在家里的橱柜或者冰箱上放一个牌子。这个牌子上面可能写着："本周，_____（孩子的名字）将为我们的伙食买最好的食物并且替我们省钱。"（如果你知道你们节省了多少钱，写上数目）

如果孩子想买一样东西，你要建议孩子制定一个存款计划。你可以制定一个"补贴"方案，孩子为购买那件物品每存入银行 1 元，你就给孩子补贴 1 元（也可以不到 1 元）。这会鼓励孩子更努力存钱。要帮助孩子确立一个有规律地存款的目标：每周或每月存多少？要有规律地取款吗？跟孩子谈谈这笔存款的基本用途。

工作和钱

父母们越来越担心课余打工对十几岁的孩子们的影响。孩子们课余打工挣的钱通常并不是用来补贴家用，而是用在了购买十几岁孩子的奢侈品。

十几岁的孩子需要明白，青少年时期的主要任务是学习，而这需要付出并值得付出大量的时间。十几岁的孩子能够得到的大多数工作无法让他们学到很多东西。对于年龄尚小的十几岁孩子来说，在学校里学好功课要比花很多时间打工重要得多。

有关金钱的争论

人们因金钱而产生的争吵，可能比因其他事情产生的争吵多得多。尽管有很多此类争吵确实与金钱有关，但我怀疑，其中的许多争吵其实是与别的事情有关，比如自尊、权力、认可、感情。

我还记得，我和丈夫在刚刚结婚时发生的一次彻夜争吵。争吵的起因是他花两美元买的一罐家具上光蜡，我认为我们不需要。回想起来，我不认为我们是在为那两美元争吵，而是在为价值观以及他买的上光腊是否表明我们有相同的价值观而争吵。

我从来没有用过那罐上光蜡，他也没有用过。几年后，当我们搬家时，我在水槽下面的柜子后面看到了那罐蜡。

也许有关金钱的争吵能够产生一些好结果，也许它给我们提供了更多地了解彼此、了解自己的机会。我的女儿还记得，她 5 岁的时候，很喜欢住在街道对面的一个 5 岁的小男孩。他一点钱也没有，而她有零花钱，所以，每次当冰激凌车在街区叫卖时，她都会帮他付钱。他说自己要还她的钱，但一直没还。我们后来搬到了几个街区以外的地方，但她从来没有忘记他欠的债。

当她 10 岁的时候，她去他家找到了他，说："米歇尔，你欠我 60 美分。"他差不多还清了全部欠账，但她确信，那一刻标志着他们友谊的终结。

他们之间产生了隔阂，或许根本不是因为钱。但是，有关金钱的争吵以各种各样的奇怪方式牵扯的是其他事情，这是她在很小的时候学到的一个常识。

```
活动提示
```

与孩子分享我们的经历

"我一定要买那双鞋。没有它我就没法活了。"这是你的宝贝孩子说的。

那双名字很奇妙的鞋或许要 100 美元，尽管要求得到这双鞋表明你的孩子很容易受到激励，但这与常识没有太大关系。

你怎样与孩子谈常识呢？有一个办法现在看起来不太管用，那就是回忆你小时候的情况，即你的父母买的是价格最合理的商品，而且质量很好。

你的孩子的朋友拥有什么东西，对你的孩子的压力是巨大的。孩子怎么才能抵制这种压力呢？他们怎样才能在保持家里预算的同时获得一些常识呢？如果你有机会跟孩子谈谈，不要谈过去的事情，而要谈现在以及你自己体验到的压力，孩子就可能获得这些常识。

引出话题：压力之下的家长

当孩子提出违背常识的要求时，你作为一个成年人，面对这种压力会怎么做？给孩子买吗？怎么考虑？怎么拒绝？什么时候让步？要怎么做？你对自己怎么说？

你的孩子对你会有什么建议？他们能够明白你作为一个成年人也有压力吗？要鼓励孩子说出他们面临的压力，就像你要说出自己面临的压力一样。你可能会发现，你的孩子有一些很好的建议，一旦他们说出来，对他们自己可能也有好处。

转到更重要的问题上

孩子或许对压力完全没有概念，但他们会受此驱使去做别的孩子都在做的事情。在很大程度上，与别人一样会让人有一种安全感，而每个人都喜欢有安全感。下面这些问题能帮助孩子对自己面临的压力（包括他们没有意识到的一些压力）有一定的感觉：

◎谁定的时尚？谁告诉我们该买什么？

◎电视上的产品介绍总是真实的吗？

◎我们知道有谁买了一件名牌商品，但对它并不满意吗？

◎我们能想起一次自己运用常识的时候吗？

我们能想起一次自己没有做别人做的事情，但结果表明我们做得对的时候吗？有时，这么做的结果甚至会更好。

"大能力" 时刻

■ 当我们让孩子做事情的时候，我们经常事先想好了这件事应该怎么干。我们要记住，一种方法可能很适合我们自己，而别人可能最适合另一种方法。

只要孩子能把一件事情做好，就没有理由让他们只能用一种固定的方法。他们或许会给你提出一些很好的建议。

■ 跟孩子好好谈谈妈妈或爸爸为什么要工作。这或许是因为家里需要钱，或许是因为他们想融入世界，并想运用自己的特殊技能。

当父母把自己去上班的原因告诉孩子后，孩子就能够理解。他们就能明白，父母每天去上班，就像他们每天上幼儿园一样。

这样的交流，就是我们互相帮助的方式。

■ 家里为孩子制订的每一个规矩都需要考虑一下，以保证其切实可行并且是必要的。一个规矩必须值得坚持实施下去，否则就不应该存在。一个不能实施的规矩可能比没有规矩还要有害。

当孩子违反了某个规矩时，要问"这个规矩是什么"，要跟孩子谈谈，并在必要时改变规矩。

第 *10* 章

解决问题
把你所知道的和你能做的付诸行动

伴随一生的评语

在学校的评语
杰西总是能想出解决难题的新办法，在布置科学展览时，她能给全班人出主意。

在工作中的评语
肖特小姐很有见地，她想出了如何通过设计一套新的产品分销体系来实质性地增加公司收入的办法。

你的孩子经常说"我不能"而不是"我能"吗？孩子并不是天生就能解决问题。他们是学会的。当他们表现出下面这几点时，就表明他们在学：

知道如何问问题并得到答案；

有发现和面对问题的能力；

能想出解决方案的主意；

显示自己能作出合理的决定。

本章活动的目的是促进孩子解决问题的能力，帮助他们把自己知道和能做的事情付诸行动。实际证明，这对父母们是很有帮助的。

其中有一部分内容专门介绍"安全"问题，这是现在的家庭非常关心的一件事。我们不能代替孩子保护他们的安全。他们必须自己知道该问哪些问题以及采取哪些步骤。他们需要能够冷静、有效地处理问题，包括潜在问题在内。

解决问题取决于思考。当我在中学甚至研究生院教书的时候，我向学生提出的最难的问题是："你是怎么想的？"因为他们很难回答这个问题，我便开始考虑怎样教学生思考——不仅是在教室里教，还要在家里教。

思考本身并不是主题——思考什么才是主题。我们需要孩子能够开始思考正儿八经的问题，有了鼓励和适当的能力，他们就能够做到这一点。

我为培养孩子解决问题的能力而提出的方法，由两种基本要素构成：

◎练习问问题，并回答问题

◎练习作决定

这就是本章活动的重点。

有趣的是，这些活动适合各个年龄和能力的孩子。我已经把其中许多活动成功地运用到了从小学生到研究生的学生身上。当然，结果是不同的。我们一般会认为大学生的回应比小学二年级学生的回应更加老练和复杂，但有时候并非如此。

问题，问题，问题

问问题并回答问题需要大量的练习和时间。在学校里，孩子并没有真正得到足够的训练，学校没有很多时间来让他们"思考"问题和答案。的确，孩子会回答是非问答题，以及那些只有一个正确答案的问题，例如，"哪条河是世界上最长的河流？"但是，孩子更需要的是学校因各种正当理由无法提供的，能够引发他们思考的问题，比如，"你怎么想的？"或者"怎样把这件事做得更好？"或者"你有没有别的办法来做这件事？"

这都是些开放式问题，在课堂上并不常见。回答这些问题需要大量的时间，而且也没有"正确"答案，学生们经常会回答"我不知道"，还可能引出一些老师们不愿意听到并且难以处理的答案。我在做英语教师时，问过学生一些这类问题，我有时事后会责骂自己为什么不问一些有多项选择或只有一个正确答案的问题。

"有想法" 的家

越来越多的学校都在想变成"有想法"的学校，但这需要时间，现在的学生可能等不及。

父母们不必等的是"有想法"的家。我指的是能够让孩子问能引起他们思考的问题并提出"有想法"的答案的家。任何父母都做得到，而且现在就能做到。

首先，这意味着要问你真正想得到答案的问题，以及你真正在意听到孩子的回答的问题。

对于年龄小的孩子，你可以问你们一起读过的故事中的问题："你认为接下来会发生什么事情？""你认为这个故事会怎么结尾？""什么事情让你这样想？"

对于年龄大一些的孩子，你可以问一些情景性的问题。当电视机出故障的时候，问孩子："你认为我们应该怎么处理这件事？""我们应该找人修理吗？""我们应该买台新的吗？""你怎么想？""为什么？"（参见第 8 章中的"你的看法是什么？"）

当电视机开着时，你可以问："我们应该把它关上吗？""这个节目告诉了我们什么？""我们从中有什么收获？""我们应该考虑做些别的事情吗？"

其次，这意味着要听孩子的回答，即使是要强迫自己听。如果必要，可以让孩子在发现你没有听时提醒你。我们在这里说的不是30分钟的演讲，而是能延续一两分钟的回答。

> 你可以用能够激活头脑的问题来激发孩子的创造性思维。问一问用一个纸盘子可以制造多少东西。橡皮筋呢？纸夹子呢？如何对普通楼梯进行改造？

第三，这意味着要让孩子知道他们真的很聪明。青春期前的孩子对电脑原理的了解可能比父母想象的还要多。我们必须要让孩子知道，当他们向我们作出深思熟虑的回答的时候，我们不仅在听，而且在学习。

第四，这意味着让孩子向你提出一些他们想要知道答案的问题，你要花时间作出深思熟虑的回答。他们可能会问你，为什么他们必须在每天晚上的某个时间干家务，或者你为什么对他们的发型、朋友、成绩单那么生气。

第五，这意味着在你说话时，孩子要倾听；而且，正如你希望他们回答问题要有合理的时间限制一样，你也要这样。

"创造性特点"

尽管解决所有问题都需要创造性，但有些问题要比其他问题激发出更有"创造性"的回答。当你问一个孩子"你希望发生什么事情"时，你肯定会得到一个比问电视机坏了怎么办更有想象力的答案。

要鼓励孩子想象。如果汽车还没有发明出来，会怎么样呢？一个全新的世界就出现了。让孩子说出这个世界用得着但还没有发明出来的5种东西。

在纸上尝试一些能激发出孩子想法的设计。把一滴墨水滴到纸上，折叠，揉搓，涂抹。让孩子告诉你这滴墨水让他们想到的所有东西。跟孩子交换一下角色，你自己想到了什么？

在一张纸上画出各种尺寸的圆形、正方形和三角形。然后，让孩子根据这些图形说出并画出自己想到的各种物体。

帮助孩子设想一下，如果他们的下列愿望能够实现，他们会有什么变化，会做些什么：

> 如果你有更多的时间，你会做什么？
>
> 如果你有更多的金钱，你会怎么用？
>
> 什么是浪费时间？
>
> 什么让你真正感到开心？
>
> 你希望家里有什么变化？
>
> 你希望什么事情永远不变？
>
> 你想和谁交朋友？
>
> 你想明天做什么？
>
> 下周呢？下个月呢？

要鼓励孩子也问你一些这样的问题。只要我们愿意，这样的问题可以有无穷多。问这些问题或许是实现这些愿望的第一步。

你比自己想象的知道得多

对于有些人来说，最难说出口的是"我不知道。"但对于很多孩子来说，最容易作出的一个回答就是"我不知道。"

我们不能让孩子就这样推托掉。他们很聪明。他们知道的比他们认为自己知道的要多。例如，那些在同伴中很吃得开的孩子一直都在解决问题，但他们在教室里常常就被吓得说不出话来了。他们需要机会来展示自己知道的事情，以及是如何解决问题的。家里是一个让孩子展示自己知道的事情的好地方，因为不用担心浪费上课时间，不用担心要在月底完成某门课程。

你和孩子谈的应该主要是开放性问题，不存在正确答案。你不是在教室里，所以，没有别人举着手要回答问题，也没有其他孩子要抢着说出正确答案。这是一种能够交换想法的轻松氛围，可以交换观点、情感、希望和梦想。这是只有"有想法"的家庭才能提供的一段时间。

作 决 策

作决策并不是容易的事情，但是，如果孩子能够做到以下几点，决策就不会令人那么烦恼了：

能够逐渐明白，自己可以帮忙解决问题；

明白一个问题可以有不止一个解决办法，但有一个办法比其他办法更好；

学会克制，在行动之前先思考。

不作决策就是决策

作决策有时会让人感到恐惧。我了解这一点，因为我就是这样。几年前，我带了一张对自己有用的海报回家，上面写着："不作决策就是决策。"在一家书店发现这张海报时，我认识到了并不是只有我对作决策感到恐惧。这让我感到很欣慰，并给我提供了作决策的更多勇气。

思考和选择　■　年龄：4~7 岁

■　思考

■　为作决策而进行选择

孩子们可以先练习作一些小决策。

让孩子假想发生了下面这样的事情：

你找不到家里的钥匙了，而且家里没人；

你在去朋友家的路上迷路了；

你在放学回家的路上受到了别的孩子的捉弄。

要让孩子尽其所能想出解决这些问题的办法。不要否认孩子的任何一个主意，即使听起来有些牵强的主意。

在孩子想出三四个不同的解决办法之后，要让他们选一个最好的。

为了让孩子多想主意，让孩子设想一下下面这些情形：

妈妈让你去隔壁邻居家办点事，但在你出门之前，一个朋友来串门，并且说："我们一起玩吧。"你怎么办？

你匆匆忙忙地要去参加一个化妆舞会，就在你穿那件很特别的衣服时，它裂开了一个大口子，你怎么办？

即使很小的孩子，你也可以让他们决定如何布置他们自己的房间或至少是房间的一部分，并让他们参与挑选自己房间的饰品和家具。

要让孩子想出弥补由他们造成的问题的办法。例如，地板上的泥巴、没有挂起来的外套、洒出来的牛奶。这样，你就不用把你的解决办法强加给他们，而是让孩子参与作决策——而且，我们希望孩子能从亲眼看着自己的解决办法怎样发挥作用中得到更大的收获（如果需要更多例子，见本章专门介绍"安全问题的解决"的部分）。

> 让孩子积极地、尽早地参与决策，尤其是家庭决策。他们可以成为积极的参与者，也可以只是在一旁倾听。这样，他们逐渐了解和认同成年人的决策过程。

作决策并不容易　■　年龄：9~12 岁

■　思考
■　评判决策及其后果

随着孩子日渐长大，他们需要知道自己每天要作出的许多决策，比如，穿什么衣服、如何对待朋友等等。

要跟孩子谈谈你过去作出的一些重要决策。例如，买车、换工作、结婚。谈谈你在作出这些决定之前所考虑的事情。这些决定的后果是好还是不好？你对自己的决定感到满意吗？你还会再作同样的决定吗？

作决策常常需要看到一种情形的有利和不利方面。跟孩子一起想想逃学、吃得过多和花钱的有利方面和不利方面：得到了什么？失去了什么？

在可能的时候，要试着让孩子承担他们自己的决定的后果——不管是好是坏！要和孩子谈谈下次该怎么做。

要鼓励孩子事先作计划：如果他们是老师，他们会做什么？如果是父亲呢？是母亲呢？角色交换能使孩子对老师和父母的观点有一些了解。

在选择最理想的度假地时，要问问孩子的建议。跟孩子讨论一下他们所作选择的理由，以及那些影响最终决定的因素，例如度假时间和要花多少钱。孩子需要面对生活中的这些现实问题。这个练习会很有帮助。

选择问题

由于选择是解决问题的基础，孩子必须能够有真正选择的机会。对于年龄小的孩子来说，要限制选择的数量。不要让孩子做那些你认为只能由你来作的决定。如果让孩子作那些实际上不应该由他们作的决定，或者告诉他们可以作决定但之后他们发现父母并不是当真的，就会对孩子造成伤害。

要选择那些可以由孩子作的真正的决定，并要准备好按照他们的决定去做。孩子作出的决定并不总是我们会作出的。如果你说了"这个决定由你来作"，你就必须说话算数。

安全问题的解决

照管"独自在家"的孩子

很多年龄小的孩子说，当大人不在家时，他们会感到自己在家不安全。

研究表明，当孩子感到自己有人管时，他们会觉得更安全，而且不那么孤单。

尽管父母没有分身术，但还是有办法帮助孩子在父母不在家时感觉到自己有人管。

父母待在家里并不总能解决问题。有可能父母一直在家，而孩子却感觉不到父母的关心。

要运用你解决问题的能力，想出办法来确保孩子知道你在照管他们——不论你在身在何处。

例如：

定一个时间，孩子从学校一回到家里，你就往家里给他们打个电话；

在家里的各处给孩子留便条：日历上、冰箱门上、枕头上；

用录音机或电话答录机给孩子留信息。听到大人的声音本身就是一种安慰。

确保孩子知道自己应该做什么。可以在头一天晚上与孩子一起看看他们放学后该做的事情。

问问周围是否有哪个邻居——或许是一个退休在家的老人——可以在孩子万一需要的时候打电话过去。

那些不能和睦相处的兄弟姐妹一起待在家里，比他们一个人独自待在家里更危险。想到亲爱的孩子在家里能互相照顾，对父母是一种安慰。但是，实际情况并不总是这样。父母需要作出一些努力，使孩子之间讲礼貌，这包括给他们提供一些各自单独做的活动，以及各自学习的地方。

要确保家里的安全，并且要让孩子们知道如何保持家里的安全。后面提供的活动专门介绍家里应采取的基本安全措施。

我们不能代替孩子保护他们自身安全

孩子必须知道自己怎样做才能保障安全。当然，我们可以而且应该警告孩子离行驶的汽车远一点，炉子用过后要关掉。但是，孩子必须自己做这些事情，我们无法为避免孩子做不安全的事情而从早到晚看着他们。

处理这个问题的一个方法，是培养孩子养成自己的安全习惯。不是要让孩子胆怯，而是要教会孩子如何保护自己。

问题在哪里

如果不实施，再好的办法也没用。如果门不上锁、孩子离开了房间而没有关炉子、钱包暴露在所有人都能看到的地方，任何办法都不会有用。这就是让孩子参与解决问题的过程之所以很重要的原因。他们是要把解决办法落到实处的人。

在提出解决办法之前，要通过问问题让孩子对这些活动有所了解。你可以先提出下面这些问题，或者向孩子直接提出活动中的解决办法。无论哪种情况，都要确保孩子知道你要求他们防范的问题是什么。下面是一个可以尝试的四步思考法：

> 问题是什么？
>
> 我们可以尝试什么解决办法？
>
> 这些解决办法的优点和缺点是什么？
>
> 你认为这个活动中的解决办法怎么样？

帮助孩子练习一些分步思考法，只是让他们养成解决问题习惯的一种方法。这不是一个自动而连续的过程。好主意有时会以最奇特的方式不期而至，就像晴天惊雷一样。在需要作决定的时候，我们许多人会说："我要在睡觉时想想。"不知怎么，好主意有时会在半夜冒出来，到第二天早上，我们就知道自己该怎么做了。我们不清楚这是否是用了逐步推理的方式想出来的主意，似乎是一个奇妙、神秘的过程在起作用。

要把问题想清楚：分步思考的例子

下面是运用四步思考法的一个例子。这些问题可以在接下来的"警告，警告"活动中给你提供指导。这是个防止孩子中毒的活动。

1. 孩子会意外吃下放在家里的有毒或危险药品。许多孩子会因而生病甚至死亡。

2. 我们在家里怎样才能防止这样的事情发生呢？让我们想出一些办法。

3. 我们想出的办法各有什么优点或者缺点？例如，如果把所有东西都藏起来，我们能认出那些新的危险药品或产品吗？

4. 试试下面这个活动怎么样？我们要在接下来的一两个星期内看看这个活动是否有效。（**注意**：为了看活动的效果，你可以带回家一种新药品，看看孩子如何对待它。孩子能够知道这种药品的危险性吗？他们想把它放在哪里？）

在练习这些安全活动时，你要想出需要问孩子的一些问题。这样，孩子就会知道，他们对于保证自己和家里的安全能够发挥作用，而且，当你不在家时，你也会感到更放心。

警告，警告　■　年龄：4~6岁

■　**阅读**

■　**在不同情境下了解词汇**

孩子们有办法找到任何东西，所以，最好让他们自己能够逐渐了解如何防止中毒。这个活动能帮助孩子认识家里的药品和清洁剂上的警告标签。已经认识一些字的孩子可以练习认读标签。你需要一个结实的箱子，放入四五种家用产品和药品（只能选那些带有警告标签的）。

从箱子中拿出一件产品。帮助孩子找到上面的警告标签，告诉孩子或大声读出其内容。和孩子一起指出表示"当心"的词——这些词包括"小心"、"有毒"、"危险"、"警告"、"有害"，并指出骷髅头标志。

让孩子读箱子中其他产品上的标签，并把那些表示"当心"的词列出来。说说为什么这些清洁产品和药品被放在孩子够不着的地方。

跟孩子讨论，如果这些产品或药品被意外吞下时该怎么办。标签上会告诉我们有什么补救办法或可以解毒的药。

> 孩子需要照惯例行事，也需要他们能够理解并且可行的限制性措施，还需要合理的时间安排——这是让他们感到安全、感到受到监督、关注的关键。这也是家长即使不在他们身边也可以提供给他们的东西。针对放学后向家长进行汇报的孩子和声称他们的家长总是知道他们在什么地方的孩子的研究显示，他们感到自己受到很好的监督，他们的行为也显示出这一点。

把孩子列出来的警告性的词放在一个特别的地方，以便全家人都能看见。冰箱门是一个好地方。可以制作你们家自己的警告标志，例如："这个壁柜里存放着有毒物品。"

提醒孩子，只有得到你的同意，才能吃药。因误食药品而意外死亡的孩子的数量，是因吞下家用清洁剂而死亡孩子的数量的两倍。

家里的危险物品 ■ 年龄：4~6 岁

■ 思考
■ 培养观察技能

这是一个帮助孩子学会识别家里需要修理的危险物品的方法，以便他们看到这种地方时能够躲避麻烦，并让你知道什么东西需要修理。你需要普通的家用物件，包括纸袋和碎布。

和孩子一起在家里四处走走，在每个房间里检查一下电线是否有破损，小地毯是否会打滑，旧报纸、碎布和油漆是否存放在了合适的地方，刀以及其他工具的刃是否包裹了起来。

把家里需要修理的物品列个清单。将清单分成两部分，一部分是可以在家里修理的，另一部分是必须送到修理店修理的。如果在家里修理，尽量要让孩子帮忙。

用具清单　■　年龄：4~6岁

■　**阅读/写作**
■　**制作一个安全清单**

这个活动能帮助孩子学会如何安全地使用电器。让孩子找出带有"开/关"标记的灯和电器，并练习开和关。

向孩子示范如何关掉炉子。如果炉子已经根本不再使用，要向孩子解释为什么。说说为什么孩子永远不应该玩火柴。

进入房间的钥匙　■　年龄：4~6岁

■　**思考**
■　**检验家庭安全措施**

这个活动需要锁和钥匙。

带着孩子在家里转转，向孩子示范如何锁上和打开所有的门，以及至少几扇窗户；要指出发生意外事件时的逃生出口。

让孩子试着用用家里所有的钥匙。要为家里的每个人都配一套，并把这些钥匙放在专门的地方保管。

要尽量让你的家能防盗。要确保大门上有一个结实的锁链，使门只能部分打开。很多父母都告诉孩子永远不要为不认识的人开门。

要告诉孩子，如果回家时发现门半开着、一个窗户破了或者有任何不正常的情况，千万不要进门。要让他们去邻居家或商店，然后给妈妈或爸爸打电话，而且要等到大人回来再回家。

社区安全行　■　年龄：4~6岁

■　**阅读/写作**
■　**查看本地区的标志**

这个活动能帮助孩子在社区感觉到很放心，还能教他们了解重要标志的含义——即使他们还不认识标志上面的文字。你需要纸、笔和一些零钱。

与孩子步行或开车在你们社区走一走，向孩子指出你们看到的标志。哪些是安全标志？其他标志是什么意思？例如：**"公共汽车站"、"让行"、"步行区"** 和 **"小心"**。这些都是孩子需要了解的标志。

把那些步行安全和步行不安全的地方向孩子指出来。要让孩子知道哪些人是治安人员，例如警察和交通管理员。跟孩子谈谈万一发生危险，可以去的安全地方，例如，一个邻居的家，一家营业厅。

与陌生人打交道 ■ 任何年龄

■ 交流
■ 练习打电话和接收信息

孩子必须学会如何在家里和街上保护自己免受陌生人的侵害。下面就是一些方法。

要指导孩子在接到陌生人的电话，以及在门口和街上遇到陌生人搭讪时应该怎么说。

要给孩子提出一套接到电话时的用语。例如："我妈妈现在不能接电话，你能留个口信吗？"

要教孩子如何当心那些有来电人的名字和电话号码的电话。买一个记录电话内容的便笺本或者自己做一个。让孩子练习接电话，可以轮流扮演打电话的人和在家的孩子。

> 为你的孩子准备一个可以带到各处去的安全包，包里可以放入一个身份证、一张重要电话号码表、用于打几个电话的零钱以及足以支付交通费的钱。把安全包放在你孩子的背包里。

要警告孩子，不要搭陌生人的车，不要接受陌生人的礼物。鉴于发生过很多悲剧，在警告时态度一定要坚决。不要认为孩子知道其中的危险。可以做一些典型情形的角色扮演，例如"你要糖果吗？""搭我的车好吗？"

身上带着钱时，避免引起别人的注意是很明智的。要告诉孩子不要带着厚厚的钱包并把钱包放在视线之外的地方。背背包的女孩子应该把包抓结实。如果孩子要带大笔的钱，要告诉他们把钱分开，并至少放在两处携带。

城市生活技巧　■　年龄：10~12 岁

- ■　交流/阅读
- ■　一起谈论安全
- ■　阅读社区资料

年龄较大的孩子会忽视父母制定的安全规则，因为他们感到自己足以照顾自己了。

跟孩子至少谈三件增加户外安全的事情。例如，锁上车门，在停放的汽车内放东西要放在别人看不见的地方，不要去人少的地方。

让家人和朋友给孩子讲一个他们在自己家里或外面实行的安全规则。有什么你们家没有想到的好点子吗？

利用公共交通系统安排前往一个特殊的目的地，例如一个音乐厅。需要多长时间？那是一个安全的去处吗？需要采取什么安全防范措施？

万一火灾发生　■　任何年龄

- ■　阅读/写作
- ■　学习紧急情况下使用的语言并制定计划

要帮助家人了解，万一发生火灾，应该如何迅速、安全地离开屋子。

让孩子看看电话号码薄上列出的供紧急情况拨打的火警、报警和预防中毒的电话号码。对于还不认字的孩子，要用数字做成图片。买一个小灭火器放到厨房里，再为你们家买一个烟雾警报器。

要练习利用不同的出口迅速离开屋子，要让家里的每个人都知道在发生火灾或其他事故时该怎么做。

如果孩子觉得自己知道在危急时刻该怎么做，他们就更可能做到保持冷静。

```
┌ ┐
 活动提示
└ ┘
```

与孩子分享我们的经历

"你真笨!"这是在我告诉孩子我的脚卡进了我哥哥的自行车辐条里面时,孩子对我说的话。我当时坐在自行车的后座上,尽管父母告诉我把鞋子穿上,我却没有穿。自行车撞到了一个土堆上,我的脚卡进了轮子里,当我把脚拔出来时,上面插着一根辐条。

我能活着讲这个故事,自然不用任何人再来提醒我了。再坐自行车或骑自行车时,我就穿上鞋了。这是学习的一个途径,虽然痛苦但不致命。

孩子们喜欢听这样的故事。这也为跟很多孩子谈那些致命得多的后果打开了大门,现在有些孩子听不进去有关如何保证安全的警告——如何不受毒品、艾滋病和犯罪侵害。尽管没有人能保证绝对安全,但有些预防措施还是管用的。

引出话题:让孩子说和听

现在,孩子在尝试之前,就会听到很多,了解到很多。到处都有很多信息。低年级的小学生也会听说艾滋病、吸烟和吸毒的事。但他们学到什么了吗?

跟你的孩子说说那些需要训导的其他孩子。问问你的孩子:"我们有办法吗?""他们会听到什么信息?"用头脑风暴法提出一些想法。每个方法有什么好处?有哪些优点和缺点?

这种解决问题的方式其实是一种思维习惯,即使年龄小的孩子也能养成这种习惯。例如，"我们怎样才能让吉姆叔叔戒烟？有什么主意吗？"主意就会冒出来。有些办法会比其他办法好。你可以把这些好办法保留起来。下次与吉姆叔叔打电话或见面时，就可以试试这些办法了。这对吸烟的家长可能也有用。

转到更重要的问题上

问孩子下面这样的问题。孩子或许会说出我们意想不到的答案：

◎为减少犯罪，要更多的警察会有用吗？

◎为防止艾滋病传播，需要对孩子进行什么样的教育？怎样才能让他们愿意听？

◎为让更多的孩子对毒品说"不"，需要怎样做？我们如何才能避免自己的朋友成为"傻瓜"？

一个主意能激发出更多的主意。只要我们不停地从井中取水，水就会源源不断地涌出来。

"大能力"时刻

■ 孩子看到电视广告里的东西，然后就想要。我们大多数人买不起大多数东西。

对孩子要诚实，要告诉他们你买不起这些东西。重要的是，要让孩子认识到，父母并不是为了惩罚他们而故意不买这些东西的。

要帮助孩子尽量用你买得起的东西。与花哨的玩具相比，其他东西要耐用得多，那就是你的想象力和投入的时间。

■ 要让孩子练习安排自己看电视和用电脑的时间。要和孩子一起制定一个计划，决定看什么节目。

每个家庭都应该有自己的计划。这里是一个例子。父母规定每天看电视和用电脑的时间上限，告诉孩子每天可以看电视或用电脑一个小时或两个小时。孩子可以选择看某些节目，但到该睡觉时不能超过时间上限。

经过几天的提醒之后，即便是年龄小的孩子也能学会约束自己，并且很少超过每天的时间上限。

第 *11* 章

专注

为了一个目标，专心致志地做事

伴随一生的评语

在学校的评语
乔恩正在学习如何确立目标并实现这些目标。他努力管理好自己的时间并坚持把事情做完。

在工作中的评语
巴里在工作时十分的专注，在对工作进行研究后，确定重点，并坚持做完。

今天，越来越多的人开始谈论专注的重要性。

我们真的要担心自己不能专注吗？人们不是一直在为各种事情分心吗？一个世纪以前的诗人沃兹沃斯就说过"在获得和付出之间，我们浪费着自己的精力。"

需要专注并不是今天的新话题。但是，区别在于，"浪费自己的精力"在今天变得更危险了。我们看到，人们在尽力控制自己生活中的各种变化时，怒火和沮丧感变得越来越大了。街头犯罪和学校里的斗殴不一定与整个社会中的变化有关，然而，越来越多的证据表明，年轻人正面临着越来越多的困难，并因而使其中的一些人转向了毒品，并变得越来越反社会。

当我们的生活变得越来越复杂、各种事情太快地接踵而至的时候，自律和专注就变得比以往更加有必要、更加重要了。

专注一直都很重要，但是，我们几乎是理所当然地认为自己能够专注，或者能养成专注习惯。在以前社会节奏慢的时候，这种想法或许是事实。但在今天，当我们很多人（包括孩子）身陷那么多的选择之中并有那么多事情要干的时候，专注的重要性无论在学校还是在职场就都显现出来了。

对于很少一些非常幸运的人来说，专注根本不是一个问题。这就是我们从报纸上了解到的一些人，他们有的从小就知道自己想游过大西洋，有的从小就知道自己要成为火箭科学家，有的从小就知道自己要成为国际象棋大师。当所有人都放弃的时候，他们仍旧很专注。然而，对于多数人来说，专注仍然是一个问题和挑战。

妨碍专注的一些障碍非常明显，以至于我们都忽视了这些障碍的存在。例如，在压力下和混乱中，我们很难专注。专注需要充足的睡眠，需要事情安排得井井有条。我们不能认为这些条件都是理所当然就能得到的。但是，在今天的许多家庭中，即使是富裕家庭，也没有对孩子的学习及生活作出合理的安排，这包括吃饭、睡觉、做家庭作业和玩耍等在内的时间安排，甚至有时我们根本不知道自己需要这种安排。

孩子们需要能够控制自己的冲动，并且看到自己身边的大人也能如此。孩子们需要成为心理学家们所说的"能自我约束"的人，这才能使他们有能力平静地专注于自己的事情。

这是本章中的活动的基本目标。每个家庭的情况不一样。我们不一定要把家里的事情安排得十分紧凑，但是，我们要给孩子提供专注所需的井井有条和安全感。

本章里的 20 个活动将帮助孩子学会制定目标并实现目标的有条理的方法。

作为一项"大能力"，专注能帮助我们很好地实现目标。确定目标，可以让人全神贯注。当我们向着一个目标努力并能够衡量我们的每一个进步时，我们就是在运用自己的"大能力"，并且能有更多的成就感和参与感。

专注培养过程

本章有助于循序渐进地培养起孩子的专注能力，按着本章的步骤，专注的养成就成了水到渠成的事情。本章里的活动的目的是要让我们把制定目标和实现目标变成一种习惯。这样的习惯是我们的一部分，我们行为和思维方式的一部分。

我要实现什么目标？

找到目标

选择目标

付诸行动

我必须做什么？

我哪些方面为自己所用？

我怎么做才能实现目标？

我必须注意什么？

我怎么才能知道自己正在进步？

我要实现什么目标？

这并不是一个容易回答的问题。很多时候，即使作为成年人，我们也不完全清楚自己真正想要什么。目标并不一定要崇高并影响深远才是重要的，即使是小孩子也可以制定并实现目标。当孩子至少有一个目标去实现时，他们就有了一个好的开端。试试下面这些活动吧。

目标：所有大小，所有种类

下面这些活动能教给你找到"适合"自己目标的一个基本方

法。你找到的目标也许不止一个。准备好纸、记号笔、一本日历。

找到一个目标　■　任何年龄

- ■　思考
- ■　激发点子
- ■　一起听和说

　　注意：不要一开始就问"你的目标是什么"之类的问题。如果你这样问，孩子一定会给你一个经典答案："我不知道。"

　　相反，刚开始要问些五花八门的问题。比如：学校、家庭、体育、朋友、业余爱好、服装、音乐、电影、食物、玩具等等。这些都能引出一个目标。

　　把你和孩子一起想到的有关某个方面的内容记到纸上，做成一份清单。

选择一个目标　■　任何年龄

- ■　写作
- ■　组织信息

　　当你们这份清单有了五个项目之后，就可以根据孩子对这些项目的兴趣对其进行分级，从最无趣的到最有趣的，在等级最高的那项旁边写下数字"1"。

　　现在，要缩小目标范围。假设孩子对业余爱好感兴趣。什么爱好？航模？集邮？游戏？电脑？根据上面的分级方法，给这几项再分级。

付诸行动　■　任何年龄

- ■　学习能力
- ■　研究信息并制作表格

　　现在，孩子就要从言语进入行动了。例如，如果孩子选择的业余爱好是魔术，就要想想在哪一天之前要学会多少种魔术。为了在这个活动中加入团队合作意识，你也要和孩子一起为你自己制定一个目标。要尽量使目标切实可行。记住，你们要说说实现选定的目标都需要些什么。你们需要介绍魔术的书吗？还需要其他东西吗？

跟孩子一起从日历上选出孩子表演魔术的日子并标出来。这个日子必须要定得合理，不要太过遥远。对于年龄小的孩子来说，一个星期都太长了；对于稍大些的孩子来说，一个月或许可行。将目标实现的日期定得近一些，才可能不用等待太长时间就获得一种成就感。

我必须做什么？

我具备哪些条件？　■　任何年龄

一旦选定了一个目标，我们就要问自己："我们具备哪些条件？我们有哪些可以利用的优点和能力？我有哪些资源？需要克服哪些障碍？"我们不一定会这么说出来，但这会让我们开动脑筋。

盘点一下　■　任何年龄

- ■　思考
- ■　比较
- ■　信息

这是一个讨论并分享记忆的活动。

孩子的心态怎么样？是准备好了前进，还是有点害怕？要尽量安慰孩子："害怕也没什么关系。"知道自己的感受，有利于我们利用它而不被它阻碍。

你的孩子以前在学习新东西时有什么经历？成功过吗？如果成功过，就要向孩子指出来，并要告诉孩子现在要做的事情与以前取得成功的事情的相似之处。

一次克服一个障碍　■　任何年龄

■　学习能力

■　养成良好做事习惯

要跟孩子谈谈：在实现一个目标的过程中总会遇到一些障碍。不要一次把所有障碍都考虑到，要从一个障碍开始考虑。要跟孩子一起谈谈并找出阻碍实现目标的一个障碍。这个障碍或许是如何控制紧张情绪。要专心解决它，并忘掉其他障碍。要问问孩子对这个障碍怎么办。要想出几种解决办法。一次只解决一个障碍，我们就有可能取得成功。

不断前进　■　任何年龄

■　学习能力

■　养成良好做事习惯

孩子们（也包括一些成年人）可能会认为，成功的人总是能成功。跟孩子谈谈事实完全不同。跟孩子说说他们刚开始学走路时的样子——在成功地迈出第一步之前，他们摔倒过很多次。把你能想到的此类经历都告诉孩子。成功的人之所以成功，是因为他们知道如何不断前进，不断努力。

我做什么才能实现目标？　■　任何年龄

■　学习能力

■　养成良好做事习惯

旅行时，有一张地图会很有帮助。当我们向着一个目标前进时，情况与此类似。我们需要不偏离路线，但也要能看到沿途有趣的风景。我们必须时刻关注着目标，合理安排，并要给自己订一些能使我们尽可能专注于目标的具体规则。

集中注意力　■　年龄：4~9 岁

■　**学习能力**

■　**记住细节并记录信息**

大多数时候，当我们看一些东西时，只是在随便看看，而不是真正集中注意力。为了实现目标，我们必须保持专注。这要求我们首先要集中注意力。

下面这些活动有助于集中注意力。这些活动是有目的地循序渐进安排的，是为了帮助孩子注意力集中的时间越来越长。

◎坚持每天观察同一个建筑工程。看看每天都有什么新变化。

◎分阶段玩一个诸如《大富翁》那样的大游戏。第一天先玩一段，第二天从前一天停止的地方接着玩。要记住各自前一天玩到了什么地方。

◎在一张地图上找出各省、自治区的省会或首府。分几次做这个游戏，每次找出 10 个。每一次开始时要记住自己上次找出的那 10 个。

再想出一些可以帮助我们集中注意力的游戏。比如，回忆一下自己上周吃了什么食物或穿了什么衣服；说说上周所看的书和电视节目的内容；每一次说的内容要越来越多。集中注意力确实是今天所需的一项基本能力。

获取并保存信息

从买一辆自行车到发表一次演讲，几乎实现任何一个目标都需要获取一定的信息。下面是一些讨论活动，当我们收集所需的信息时，可以问下面这些问题。

我从哪里获得信息？　■　年龄：9 岁以上

■　学习能力
■　研究信息

我需要了解什么信息？一次演讲的题目？如何判断自行车的质量？记下这些问题。我从哪里获得信息？从书上？从朋友那里？用互联网？

我怎样才能记住信息？　■　年龄：9 岁以上

■　学习能力
■　组织信息

我们如何把这些信息归档并保存下来？记在脑子里？写在便条上？保存在文件夹里？我们需要问："我正在学习的东西与我已经知道的东西有什么联系？"这有助于我们记住并回忆起新信息。

我怎么知道我了解得足够多了？　■　年龄：9 岁以上

■　思考
■　作出深思熟虑的决定

我从不止一种来源验证过这些信息吗？不同来源的观点会不一样。我搞明白哪种观点更有道理了吗？我觉得自己了解得足够多了吗？到了一定时候，我们要果断作出决定！

做一个计划者怎么样？

今天，越来越多的学校正在为学生作出每日和每周的计划安排。孩子过着忙碌的生活，常常会忘记自己必须要做的事，尤其是家庭作业。即使有了这些安排，家庭作业有时也完不成，但是，以"我忘了"来作为借口就站不住脚了。

为什么要等着学校来作出安排呢？如果你和孩子相信作计划有助于自己知道什么时候该做什么事，那你们就自己作计划吧。

制定一个计划 ■ 年龄：8 岁以上

■ 学习能力

■ 安排事情的先后顺序

■ 一起听和说

现在，假设你准备买自行车或发表演讲。你需要首先做什么？其次呢？然后呢？

我们没必要把计划做成一个很好看的文件，但却需要整齐有序。这取决于每个人对整齐有序的理解。有的人喜欢非常整洁，有的人喜欢不那么整洁。我们的孩子不一定非要按照我们喜欢的方式列出个一二三来。

这个活动需要用到纸和笔。你要和孩子一起选定一个目标。然后，各自写下实现这个目标的计划。写下来之后，要谈谈你们之间的计划有什么相同点和不同点。

例如，目标是买一辆自行车：（1）收集信息；（2）准备去几家商店看看；（3）准备好向商店问的问题；（4）准备好选择自己最感兴趣的品牌；（5）准备好去别的商店再看一下，比较价格；（6）准备购买。

又如，发表一次演讲：（1）选好主题；（2）收集信息；（3）坐下来写提纲；（4）修改提纲；（5）在家里练习这个演讲；（6）为演讲时间计时；（7）走进班里，做好最后的准备。

不管孩子年龄大小，对于他们来说，为实现目标而制定计划都是令人兴奋的学习过程。年龄越大，就越喜欢这种方法。我们都能学会如何作计划，并喜欢上这个过程。

我们必须注意什么？

压力、气馁和分心，都是专注的最大敌人。

我们必须要能够识别出这些敌人并与之斗争。我们需要将这些方法告诉孩子。下面是需要跟孩子谈的事情。

我们如何对付压力。我们可以从 1 数到 10，可以散一会步，

175

可以把它说出来，可以洗个澡。我们会尝试很多方法来保持自我控制和平衡感。孩子们需要听到我们说这些事情，并且需要和我们一起来练习这些对付压力的活动。这些方法或许不会总能管用，但有助于我们回到正确的轨道。

我们如何对付气馁。我们接受自己会气馁、会犯错误的事实。我们要尽量原谅自己，从错误中吸取教训并继续前进。孩子们需要听到我们承认自己犯了错，承认我们有过气馁的时候。我们需要把这些事情告诉孩子，并且告诉他们我们从中学到了什么以及之后发生的事情。我们能够熬过自己的气馁，孩子也能。

我们如何对付分心。我们努力保持着专注，尽量避免自己分心。对于孩子来说，这通常意味着要能够抵制同龄人的压力。处理这种压力的一个较好的办法，就是制定计划并坚持按计划去做。我们要为目标的实现订出时间。如果这个计划在第一次不管用，我们就要重新制定。

勇气并不仅仅在你当英雄时需要，努力保持专注也需要勇气。

专注的平衡。我们有时会过于专注吗？答案可能是肯定的。尽管我们需要知道如何专注于一件事情，但同时也需要知道何时转移一下自己的注意力。过度专注有可能会让人偏执。关键在于要保持专注的平衡。

当我们在一条拥挤的高速公路上开车时，我们不敢有半点分心；而煮饭就不一样了，我们可以离开一小会儿。当我们照料一个小孩子时，如果孩子待在游戏围栏里，我们就不用老盯着他。但是，如果孩子是在房间里四处爬的话，我们就要时刻看着他了。

恰到好处的专注，取决于具体的情形以及需要什么程度的专注。这是一种艺术。就像学习如何做饭和开车一样，这也需要练习和经验。

我如何知道自己在进步？

我们需要知道并要表现出自己做得怎么样，而不应该总是依赖别人给我们打分、评价我们的进步。当我们专注于制定目标并实现目标时，我们就可以更简单、有效地了解自己做得怎么样。

任何目标都可以。对于小孩子来说，目标越实在越好。当目标是在一定时间内读 10 本书时，孩子就能够自己评估并保持自己的进步。对于大一点的孩子来说，目标应该更抽象一点，比如交更多朋友，都是可以评估的。

与孩子一起做以下活动。

对自己的承诺　■　任何年龄

■　交流/写作
■　听和说
■　将信息做成表格

我们会对别人作出许多承诺。但最重要的承诺是我们对自己作出的承诺。这是我们制定计划以及采取行动的力量源泉。

要跟孩子说说你对自己作出的两个承诺。让孩子把他对自己作出的两个承诺也告诉你。要尽可能让这些承诺可以衡量，以便你们评估这些承诺是否可以兑现以及如何兑现。这些承诺不一定是什么宏伟的大事，可以是承诺给孩子每天读 10 分钟的书。

对于孩子来说，承诺的性质取决于他们的年龄，但孩子可以承诺在一个星期之内每天花 5 分钟谈谈他们学校里发生的事情。

你们可以把各自的承诺做成一张表格，互相给对方打分。总之，要找出一种简单而明确的方法来表明你们取得的进步。

如何制作这种表格　■　任何年龄

■　写作
■　制定一个计划

把一张纸分成三栏。第一栏列出实现目标的各个步骤；第二栏列出实施各个步骤的日期；第三栏对已经完成的每一个步骤作出标记。

假设目标是要看完 10 本书。左侧第一栏就是列出 1~10 的编号，每个编号后面加上要看的书名；如果还没有选好书，可以只列出编号。按照日历相应填入看书的日期。在第三栏记录完成的情况。可以用一支记号笔来作标记。要对自己取得的成绩进行奖励。

自我评价表 ■ 8 岁以上

■ 思考/写作
■ 评估完成情况

我们为什么要等着别人给我们打分呢？我们可以给自己打分，这样还可以帮助你把事情做得更好。

假设目标仍然是读 10 本书，在原来表格的基础上再加两栏，即"读了多少"和"读得如何"，让孩子给自己打分。假装自己是老师，并且要对自己的表现打分，想想应该问的问题："里面的字你多数都认识吗？""你能够流利地大声朗读吗？""你能够阅读这个故事并讲给别人听吗？""读完一本书后，你的阅读水平提高了吗？"这张表格可以只让自己知道，也可以给全家人都看看。重要的是，它能帮助孩子评估自己的进步——但我们要提醒孩子不要对自己太苛刻。

专注时刻 ■ 任何年龄

■ 交流
■ 一起听和说

为自己喝彩、尽情享受我们所做的事情、奖励自己，一般来说，这些事情我们做得都不够，然而，对于设定和实现目标来说，这尤其重要。当我们确定一个目标并且实现时，我们要引以为傲，告诉别人，并要奖励自己。

向目标前进的每一个步都值得庆贺。每个家庭都要有自己庆贺的方法。

专注具有磁石的特点。当我们专注于一件事情时，我们会突然看到自己周围的事物与这件事情之间的联系。线索无处不在，随处都有答案。这是专注带来的另一个奇迹。

要记住，每个人集中注意力的方式不同。当我们告诉孩子要集中注意力时，我们可能想看到孩子静静地坐着、两眼平视前方、眯着眼睛或者皱着眉头。然而，这些行为有可能只是假象。研究表明，当我们不停地走动、从不同角度看一个问题时，我们通常更能集中注意力。我知道这一点，因为有时候当我显得很专注时，实际上注意力一点也不集中，反之亦然。

花点时间和孩子谈谈你们各自集中注意力的方式，你集中注意力时是什么样子以及如何保持专注。

我们应该为自己鼓掌，应该这样想："我已经集中了自己的精力。现在，我更明白自己能够做什么了。我现在知道如何更有效地利用自己的全部大能力了。我做到了，我还可以做得更多!"

"大能力" 时刻

■ 你是在向孩子示范如何一步一步地完成一件事情，要鼓励孩子，赞扬孩子，然后退一步，让孩子自己做。

■ 不要指望很快就出现奇迹。教孩子学会自己做事情，要比替他们做所花的时间和耐心多得多。

在孩子还小的时候，父母所付出的这种耐心的努力对孩子的长远发展是非常有益的，孩子会成为一个更加负责任、更加能干的人。

■ 在家里展示孩子的艺术作品是培养孩子专注的一个好方法。

我们要找到在家里炫耀孩子的艺术作品的方法。你可以把孩子的作品贴在一块公告牌上，或者用磁铁贴在冰箱上，你还可以用夹子把他们的作品夹在晒衣绳上。

孩子们喜欢在创作出新的作品后自己展示给大家看。如果他们在家里有一个展示自己作品的地方，就会为自己的作品感到自豪。

第 *12* 章

尊重
表现出良好的行为、礼貌和对别人的欣赏

伴随一生的评语

在学校的评语
艾米对她的同学很好，她能抵御住同龄人的压力所带来的消极情绪，并且不会贬低别人。

在工作中的评语
艾米是每个人都可以依靠的人，她能慷慨地赞扬别人，乐于助人，并且会感谢那些帮助她的人。

教孩子尊重从来没有这么难、这么急需

从前，人们认为学会尊重是自然而然的事情，但是现在，我们必须认真地教孩子学会尊重。

对于许多代人来说，传统的尊重方式很专断："大人说话时，小孩子只能在一旁听，不能插嘴。"时代不同了，孩子参与大人

的谈话并不一定是坏事。总的来说，我们现在生活在一个更加自由的世界，鼓励我们所有人说出自己的想法，追逐自己的梦想。

以前，很容易教孩子学会尊重，或者我们至少是这么认为的。当时的社会中有一些限制，支持某种尊重的概念。现在，这些限制没了，以前看不到、听不到的一些行为都出现了——需要我们去看、去理解，甚至要尽量加以控制。

本章中的活动有助于鼓励并支持建设性的态度和行为，是为了父母和孩子一起设立一些限制并获得积极的体验。

在这一章，你会发现如何做到以下几点：
◎创造一个充满尊重的家庭环境
◎进行能培养孩子尊重的交谈和练习
◎教给孩子对人宽容
◎如何对待来自媒体和同龄人的压力

尊重：一种不同的"大能力"

在这个世界上，暴力就像笼罩在孩子头上的灰尘一样在蔓延。尽管尊重别人有助于孩子实现学业目标，但这不是本章活动的主要目的。本章的主要目的就是让孩子学会尊重。

在孩子成长过程中，父母必须要让孩子明白尊重和不尊重之间的区别。我们必须要让孩子拥有成熟的情感和自尊，并让他们学会尊重他人，包括父母。这些活

很高兴认识你！

这个活动是为了认识到人和人之间的不同，并承认每个人的特质。准备好笔和纸。将下面几个特点根据你认为的重要性排序：

友谊	智慧
美丽	幸福
兴奋	诚实
财富	勇气

谈谈你最看重的特点。答案没有正确和错误之分。

动主要是通过父母和孩子之间的谈话来进行的。目标是给孩子打下一个尊重的基础，以防止孩子受到引诱而陷入反社会和自我毁灭的泥潭。

本章的活动主要面对的是中学生。你在与孩子尝试这些活动时，要询问孩子的反馈：孩子从中学到了什么？这些活动会让孩子有什么的改变？

我们必须让孩子学会尊重自己、家人、社会，以便他们能够自己回答下面这些问题：

> 我喜欢责备别人吗？
>
> 我粗鲁、傲慢、容易生气吗？
>
> 我违反规则只是为了看看自己是否能够这么干吗？
>
> 我会受到引诱去撒谎、骗人或者偷窃吗？
>
> 我打过架吗？我毁坏过财物吗？
>
> 我什么时候会对他人体贴？
>
> 我什么时候友善地对待别人？
>
> 我关心朋友和家人并希望他们以我为荣、尊重我吗？
>
> 我能容忍与我不一样的人吗？
>
> 什么使我尊重我自己？

父母对此起着很大的作用。不幸的是，很多父母并没有承担起足够的责任。当孩子对人不尊重时，他们身边的大人必须告诉他们："这是不对的。有更好的方式处理这件事。让我们一起想出更好的办法。"

在为孩子树立尊重的榜样方面，没有任何人能比孩子的家人有更大的影响。我们不必成为完美的榜样，但我们必须设立孩子能够达到、为其感到骄傲并引以为荣的行为标准。

创造一个充满尊重的家庭环境

广义上的教育——不论在家里还是在学校——是要给孩子设立限制并让他们接受适当的挑战和挫折。好的教育目标，是让孩子为终生自我教育做好准备。家庭对孩子的管教，有助于给孩子提供一个坚实的教育框架。与孩子沟通，即使时间很短，也能让孩子了解你的价值观，并能倾听孩子的想法。这里有三个关键点。

■ 我们与孩子之间要能够互相接受和给予，要能够教会孩子如何通过尊重别人（包括父母）的权利来建设性地解决分歧。

■ 我们需要对孩子有合理的期待，要能够向孩子解释这种期待，并要让孩子实现这种期待，必要时，要奖励孩子。

■ 我们要帮助孩子正确地对待批评，并公平地对待那些与他们有分歧的人，包括别的孩子、父母和老师。

带着微笑说

这个活动能教给孩子一个友好地对待别人的简单方法。你们只要准备好几个微笑，说几句好话。

◎在说话之前先对别人微笑。可以从对家人微笑开始。例如："谢谢你煮了这么香的饭菜"或"妈妈，在那个问题上你真的帮了我的忙！"

◎观察：别人看到你的微笑后会有什么反应？他们向你微笑了吗？当他们没有微笑时，你有什么感受？

想想一个家庭成员所具有的能力，不要说出这个人的名字，把这些能力告诉家人，让他们猜猜你在说谁？

与其他家庭成员规划一项活动，比如：野餐、比赛。所传达出的信息：每个人都有一件事情可干。

帮助孩子坚持尝试！

通常，当我们让孩子做一件事情的时候，我们对这件事情应该怎么做会有一些先入为主的想法。然而，做一件事可以有很多种方法。只要孩子很好地完成了任务，就没有理由要求他们一定要用我们想的那种方法。他们甚至或许还会向父母提出一些好的建议。

像所有人一样，孩子们的生活中也会有高潮，有低谷。一定不要仓促地给可能正处于"低谷"期的孩子贴上"没出息"的标签。一个被贴上标签的孩子，可能会陷入失败的恶性循环中。父母和老师对孩子的期望越少，孩子就会尝试得越少。有句话说得好："失败不是错误，不尝试才是真正的错误。"**我们需要提醒自己**：要尽量对孩子抱有一个符合孩子实际的现实想法。大人们不会指望自己在各个方面都具有杰出的能力。那么，对孩子也应该这样。这助于做到这一点。

试试跟自己这样说："作为一个家长，我知道怎么做才能对孩子有用。我要竭尽全力确保孩子吃健康食物、有足够的睡眠，并且知道如何保持安全。这样，孩子就可以把注意力集中到学习上去。我要跟孩子一起制定家里的日常惯例，包括吃饭、学习、看电视、使用电脑和与朋友玩耍的时间安排。我会帮助孩子安排好这些事以及应有的限制，以便他们能将学习

> **人们为什么会那样？**
>
> 这个活动有助于我们对人与人的不同有更深的了解和理解。
>
> ■ 想出两件让你高兴的事情，再想出两件让你伤心的事情。把你能做的两件让家人高兴的事情写在纸上。
>
> ■ 每个人都是不同的，但有些人的不同会更明显地表现出来。想想你最近看到的与众不同的某个人（例如：背着一个旧包袱的流浪汉，一个坐在轮椅上的人或者一个盲人）。想象一下那个人的感受。谈谈这些人会遇到的问题以及他们如何解决。

放到应有的重要位置。"

成功应该使人感觉良好：有些孩子从来没有感觉到自己做的哪件事情足够好。你们家是否倾向于感觉没有一件事情做得足够好？这是在自我拆台。你应该看看你们家是怎样看待自己的成功的。要尽量建立一个使孩子认可自己的成功的家庭氛围。

提供帮助

这个活动能让我们了解不用别人要求就提供帮助的重要性。

◎选择一项你经常要求孩子做的家务，比如倒垃圾、打扫自己的房间、洗衣服和做饭。

◎让孩子在别人要求他们做这项家务之前就去做。

◎跟孩子谈谈。在有人提醒你之前，你就完成了你的家务吗？这让你感觉很好吗？你向别人提供帮助了吗？得到你帮助的人感觉如何？

一定不要说下面这种贬低孩子的话："哦，你可以做得更好。"或者"什么，还没有完成？"孩子和大人都需要始终抱有一种"我能行"的心态。而且，也不要过度赞扬，因为这会使赞扬失去意义。

培养尊重意识的交谈和实践

倾听和分享时间：要在家里的日常惯例中安排"倾听时间"。要尽量有全家人聚在一起聊聊当天所发生的事情的时间。

孩子有时候需要向父母说说自己的秘密或问一个问题。如果你在孩子还小的时候能够倾听他们，那么，当孩子长大一些后，你与他们就会有更好的沟通。你要向孩子表明，你理解他们的意思。一个好的办法是，用你自己的话复述孩子的话。要记住，父母也需要被理解。所以，也要让孩子复述你的话。

跟孩子说说你小时候的一两个兴趣。这个兴趣是如何培养起来的？有一个人或特别的事件帮助你培养起了这个兴趣吗？

鼓励的力量：很多父母和老师喜欢在说"是"之前说"不"。我们很多人皱眉比微笑快。没有人期待我们始终微笑，但重要的是，我们要尽可能积极地看待事物。

使用诸如"请"、"谢谢"等鼓励性的言辞，有助于父母和孩子之间建立起互相尊重的纽带。有助于孩子明白自己很有价值的其他一些话包括"你的帮助真管用"、"我理解"、"好主意"。对孩子很快作出鼓励性的回应，能鼓励孩子进一步沟通。这还有助于孩子对父母也用鼓励性的话。

关于尊重的谈话：如果孩子干完了一件事，并且完成得不错，要记住对孩子说声"谢谢"。尽量不要提一些小毛病。

如果孩子没有完成，要这样说："你还没有做完这件事。"并向孩子解释哪些还需要他们做完。然后，你要离开房间，以便孩子能够完成。当你再进来时，要找到一些事情赞扬孩子。必要时，向孩子示范如何完成这件事情。然后，让孩子完成。

一起解决问题：让孩子参与解决问题，会给孩子提供一种真正的个人成就感。当我们能够想出一条到达中心城区的捷径时，当我们找到一本孩子需要的新食谱时，当我们发现一个削减每月开支的方法时，我们就会有十分强烈的满足感。

跟孩子一起说说各自解决问题的方法。这能够培养孩子解决问题的能力。一个点子能够激发另一个点子，只要我们能够不断想出解决办法，新办法就会越来越多。

你怎么想的？

这个活动能使孩子更容易明白争论双方的看法，有助于孩子学会如何思考和推理。

选择一个引起孩子和父母争论的规定（例如，什么时候做家庭作业或者能否在上学的日子里熬夜）。

■ 表达对这个规定的看法。至少要提出两个理由来支持你的观点。让孩子提出两个理由来反对你的观点。

■ 谈谈你们双方的观点：有什么不同？有什么相似之处？这有助于你们理解对方的观点吗？

是的，我应该！不，我不该！

这个活动有助于孩子练习决策能力。

■ 列出有助于作出好的决策的一些态度（例如：思考、责任、主动、尊重）。

■ 想想下面这些情景，并跟孩子谈谈：

■ 你正计划去看电影，你的祖母打来电话让你帮她洗衣服，因为她的洗衣机坏了。你会怎么办？

■ 你看到一个人从街角的一家杂货店里偷出一样东西，你会怎么做？

■ 你想报名参加一个音乐培训班。但是，这个班的上课时间与英语课的上课时间相冲突。你会怎么办？

再想出另外一些难做的决策。跟孩子谈谈需要考虑的要点。

今天在学校：通常，你很难让孩子跟你说学校里发生的事情。这是因为你的方法不对。你应该避免问："今天学校里发生了什么？"这是一个太大的问题。

相反，你要问一些不具有威胁性的具体问题。比如"你喜欢今天的午餐吗？"这个问题不像"你今天得了高分吗？"那样具有威胁性。以不具有威胁性的问题开始，几乎总是会将你们的谈话范围扩大到你在开始时没有提出来的更敏感的话题上。

尽我们的全力：一个人可以轻易完成的事情，另一个人可能就需要付出额外的时间和精力。要让孩子记住并告诉你他们的成功故事——第一次成为第一个到达山顶的人，品尝了一种新食物，结交了一个新朋友。对于一些孩子来说，这些事可能很容易；而另一些孩子则可能需要付出许多努力才能做到。父母可以帮助孩子学会努力做事，并对自己尽到了全力感到高兴。

练习真的有回报：孩子对作出自己的决策以及学会接受决策的后果练习得越多，就会越敬佩自己的能力。

跟孩子说说你为自己设定的一些目标以及这怎样有助于你朝着目标努力并坚持下去。说说你如何利用目标和来帮助自己完成了必须要做的工作。孩子能够在很小的时候就一点一点学会这一重要的人生课。

■ 跟孩子谈谈：孩子做的几乎每一件事情都是他们所作决策的结果（例如准时到校，帮助别人，体贴）。

■ 让孩子回忆一下他们碰到麻烦并说"我没办法！""是别人让我干的！"的时候。当然，有些时候，有些事情确实没办法；但这种状况并不像我们认为的那样经常出现。

> **全盘考虑：利和弊**
>
> 这是一个常见的情形：你最好的朋友想要抄你的家庭作业。你会怎么说？有什么好处？有什么不好？
>
> 又比如，你要准备明天的考试，但你非常想看一个电视节目。你该怎么办？在作决定前，好好想想有什么利弊是值得的。

■ 跟孩子讨论一下在作出决策之前看到一种情况的"利"和"弊"的重要性。这有助于我们作出选择。

在权衡利弊之前就仓促作出决定可能会造成不好的结果。另外，批判性的审视会帮助孩子明白自己本来应该怎么做。这有助于孩子在下次作出更好的决定。

教孩子学会宽容

想出一些能让孩子对不同国家、不同文化和宗教的人有更多了解的方法。你可以通过与外国人交谈、看书和上网来做到这一点。这个世界每天都在变小。

> **我们居住的地方**
>
> ◎在报纸或杂志上寻找一个讨论人们的长相、行为或打扮与我们不同的人的故事（例如，居住在热带、穿衣服很少的人；像阿曼门诺派教徒那样不用电的人；不吃肉的人）。
>
> ◎尽可能多地想出这些不同的原因。
>
> ◎考虑一下这些原因，并跟孩子谈谈：
>
> ◎假设你是一个爱斯基摩人，一年里有一段时间你要待在由雪块砌成的圆顶小屋里，你如何娱乐？
>
> ◎如果你不吃肉、鸡、鱼，你最喜欢的食物可能会是什么？
>
> ◎如果你住在沙漠里，你穿什么衣服去参加聚会？

通过各种渠道去了解一些国家及其国民的信息，并在一张地图上把这些国家标出来。

我们以很多方式与别的国家和文化发生着联系，孩子在学校里也可能会有外国同学。在这个全球化时代，培养出对别人及其长处的欣赏，将有助于孩子在学校和人生中更成功。

如何对待来自媒体和同龄人的压力

我们如何才能保护孩子呢？他们的眼睛会看，耳朵会听。他们在家里会看电视、玩视频游戏。他们在学校里会与同样接触这些杂七杂八东西的同龄人在一起。我们不能把孩子藏在阁楼或地下室里，让他们与世隔绝。他们就生活在这个世界上。

孩子应该崇拜谁？谁是他们的英雄？我们可以教孩子自尊并尊重他人，但是，他们要仰慕那些娱乐界名人吗？在孩子的世界里，到处都是那些不是很值得尊敬的娱乐界名人的音乐和故事。这些人经常通过吸毒、犯罪以及我们不希望自己的孩子模仿的出格行为来制造新闻。但是，这些名人无处不在。我们该对孩子怎么说呢？

首先，尽量不要老对孩子说教，这常常会事与愿违。相反，我们要尽力保持平静，跟孩子说说我们敬佩的那些人以及他们为什么值得敬佩。要让孩子告诉我们，他们尊敬谁以及为什么。这可能会给我们带来令人愉快的意外发现。

这种交谈不能是一次性的，要经常跟孩子聊聊这个话题。我们能做的是，帮助孩子在这个不尊重的世界里学会应该尊重哪些人。

用我们自己的长处与压力抗衡：要花时间跟孩子谈谈尊重这个话题：我们对自己的期望以及希望别人给予我们的尊重。我们要有自己的自尊。孩子们会对自己的标准形成有意识的尊重。（例如，"我不撒谎。我不骗人。我是一个好朋友。"）我们所有人都需要意识到自己的长处和能力。就像我们要尊重别人的不同之处一样，我们也应该期望别人尊重我们的不同之处。

■ 说出你的孩子的几项特点和能力。交换角色，让孩子列出你的一些特点和能力。你和孩子的特点都值得赞扬，并从中感受到被人欣赏的快乐。

■ 我们希望孩子擅长于一些事

> **我们之间的区别，我们自己**
>
> 谈谈人们会在哪些方面不同。然后，再谈谈人们会在哪些方面相同。
>
> ◎想想人们不同的方面（例如，穿衣的方式、说话的方式）。
>
> ◎跟孩子谈谈：你曾经因为一个人说话和穿衣的方式而对其做出过错误判断吗？你能想起一个很难与别人相处的人吗？这其中有什么不为人知的原因吗？你可以做些什么来帮助这个人吗？

情，但他们不一定要在这些事情上出类拔萃。然而，他们必须要对这些事情有兴趣，不管这是电脑、滑冰还是历史。我们不必成为伟大的体操运动员才能从体操中得到乐趣。

■ 对于家长来说，重要的是要帮助孩子找到感兴趣并能做得越来越好的事情。因此，从孩子的长期教育目标来看，"我正在学体操"可能比"我是个伟大的体操运动员"更有意义。对于现在和未来的成就来说，重要的不是你已经学会了什么，而是你正在学什么以及能够学会什么。

交朋友：跟孩子谈谈你对如何与其他孩子接触并交朋友的想法。一些孩子很可能会取笑"新"家伙。我们知道，孩子们可能很残忍。被人取笑对任何人来说都不好玩，但对孩子来说尤其如此。这种不快乐的经历不是那么容易忘掉的。孩子在坚持自己认为正确的东西时（不论别人怎么说），需要我们的支持。如果孩子会遭到别人的取笑，帮助孩子提前排练他要说的话，会对孩子有帮助。

现在，越来越多的学校开始教孩子如何解决与别人的冲突。其想法是帮助孩子学会如何处理自己在与别人相处中的愤怒情绪和问题。主要的办法是交谈——通过交谈使小问题在发展成为大问题之前得到解决。

我们想保护孩子免受伤害。但是，父母介入并代替孩子并不是解决问题的方式。如果我们不介入，并不意味着我们对孩子的爱减少了，而是意味着更多了，我们的孩子需要从我们这里听到这一点。我们多么希望能为孩子铺平道路并给他们盖上免受伤害的印章啊。但是，这样做不管用，因为孩子需要有在困难处境中前进的经历。这会形成孩子真正的自尊。

当然，我们必须限制孩子看电视和用电脑的时间，并跟他们谈谈从中所看到的东西（通常是谋杀、骚乱、暴力和性行为场景）。这就是我们为什么要给孩子指导，以及孩子为什么需要自尊的原因。

那些帮助人的人

这个活动能鼓励孩子友善地对待别人，还能练习阅读能力。

■ 从报纸上剪下那些帮助别人的人的故事（例如：从火灾中救人的人，阻止了一起抢劫的人，救了一个孩子使其免受车祸的人）。

■ 回想一下你和孩子各自对别人特别有帮助的一件事。相互分享一下。

■ 将报纸上做好事的人的报道制成一个剪贴薄，在上面留出一页来记下你能（或希望）帮助家人、亲戚或者邻居的事情。

让全家人都说说自己做的好事，不要忘了祖父母和曾祖父母。

活动提示

与孩子分享我们的经历

父母也有情感。你的孩子需要知道，你作为一个成年人也有需要。你需要赞扬、鼓励和爱。要让孩子知道，当你受到批评和贬低时，你会受到伤害，就像孩子会受到伤害一样。

要鼓励孩子从别人的角度考虑问题。如果他们是老师，在某些情况下他们会怎么做？如果是父亲呢？母亲呢？角色交换能让孩子理解别人的观点。在让孩子把他们的经历告诉你时，你也要把自己的经历告诉孩子。没有什么想法是不能说的。这是一个倾听各自想法的机会，一种倾听我们自己的想法的方式。

敞开心扉是需要勇气的，我们的孩子需要听到我们这么说。尽管我们极其想让孩子不要有不好的感受，但我们不能这么对孩子说。因为坏感受是生活的一部分。学会克服坏感受也是生活的一部分。

引出话题

要允许孩子表达他们的观点，并要鼓励他们表达。要听孩子的心声，并且不要让孩子害怕父母会打断他们或不同意他们的想法。那些在小时候得不到倾听的孩子，通常需要额外的鼓励才能改变沉默和被动的学习方式。

跟孩子谈谈你犯过的一个错误以及你从中学到了什么。还要跟孩子说说你差一点就犯的错误，以及你如何避免了犯错。正是那些以前犯过的错误常常能帮助我们避免再犯错。你从这些事情中对自己和别人有了哪些了解？即使你说的是自己的"艰难"时刻，也要尽量积极乐观。

跟孩子谈谈每个人在不同时期具有的不同长处。说说你自己有哪些长处，有哪些方面需要继续努力。

转到更重要的问题上

我们很容易就能找到尊重和无礼的真实例子。这种事例每天都会从报纸、互联网和电视上跳出来。有很多文章会写到那些做出无礼行为的人（例如开空头支票，粗心驾驶并造成事故）。跟孩子谈谈那些令人尊重的行为，包括友好地对待他人、感激别人的小事情。

从报纸上选几篇文章。跟孩子谈谈这些文章中提到的人选择的行为。让孩子想想这些人在想什么？他们权衡可能带来的后果了吗？什么让他们觉得自己作出的是正确选择？

你和孩子是在理解是什么使这些人作出了令人尊重的行为。努力去理解别人，有助于我们了解自己，并能使我们更清楚地知道，如果我们需要作出类似选择时，应该怎么做。

"大能力" 时刻

广义上的教育——不论在家里还是在学校——是要给孩子设立限制并让他们接受适当的挑战和挫折。

家庭对孩子的管教，有助于给孩子提供一个坚实的教育框架。与孩子沟通，即使时间很短，也能让孩子了解你的价值观，并能倾听孩子的想法。你是在让孩子知道，他们很重要，你尊重他们，就像你希望他们尊重你一样。

孩子们需要大人保持一贯性，这包括给孩子制定的规则。为了保持一贯性，父母要在刚开始时制定一个能长期实行的好规则。一个好规则要让孩子准确地知道自己必须做什么，要合理，要可以实行。

孩子需要规则，才能在一个不可预测的世界上感到更安全。这样，他们才能更好地应对生活中不可避免地会发生的变化。

要在家里的日常惯例中安排"倾听时间"。要尽量有全家人聚在一起聊聊当天所发生的事情的时间。

孩子有时候需要向父母说说自己的秘密或问一个问题。如果你在孩子还小的时候能够倾听他们，那么，当孩子长大一些后，你与他们就会有更好的沟通。

要向孩子表明，你理解他们的意思。一个好的办法是，用你自己的话复述孩子的话。要记住，父母也需要被理解。所以，也要让孩子复述你的话。

第❷部分

培养孩子的学业能力

第 *13* 章

准备上学

我们有一个小清单

"不管是否做好了准备，我们来到了"……学校。

但是，许多孩子还没准备好。

做好学习准备是最艰巨的教育目标：这最难衡量，从长期来看非常重要，而且家庭的影响最大。

如果学生们做好了学习准备，其他目标——识字、阅读、数学——就比较容易了。尽管人们常常认为学习的准备只是入学前要做的事，但实际上这是没有止境的。孩子们需要为每一个年级的学习做好准备。

虽然认识字母并能够数数是孩子要具备的能力，但这并不是取得学业成功的基础。本章介绍的就是为学业做好准备，而学业准备取决于孩子的学习习惯。

> 关键问题：在上学之前，必须而且可以在家中教会的、能够保证孩子从学校获取最多知识的东西是什么？

不再只是白纸

过去，人们常常认为做好上学准备很简单：就是买一个新笔记本和一双新鞋的事。今天，我们知道要比这复杂得多。

学校以前被认为是为带着新笔记本的孩子们的脑袋装满知识的地方。孩子们被看作是一个空容器，一张白纸。

那是教育的"黑暗时代"，而且并非很久之前的事。当时，我们确实不了解入学之前的孩子。我们认为孩子们是从跨进学校的门槛才开始学习的。

> 确实需要花时间来教并且能造成孩子们在学校有各种差异的——不论是为进入幼儿园还是为进入 6 年级做好准备——是富有成效的学习习惯，而不是具体学了什么知识。

我们现在知道，孩子们的头脑中在上学之前很久就有了很多的东西。当学校生活开始时，他们的白纸上已经有了将近一半的东西。至于通过考试可以衡量的东西，杰出的教育心理学家本杰明·布洛姆博士在 1964 年就指出，孩子们在 4 岁时所掌握的语言知识，就占到了他们在 17 岁时能从考试中所显现出来的知识的 50%。

难怪学龄前时期现在被认为是一个关键的学习期。

普通的清单

对于如何帮助孩子做好入学准备，有各种各样的建议。大多数是这样一份清单："要确保孩子会分辨颜色、认识字母表、自己系鞋带和上厕所。"

这些清单没什么不好，但是，除了学会自己上厕所——这确实需要时间并且需要在家里学会——之外，这个清单上没有什么其他事情是不能在教室里很快就教会的。

孩子们上学期间的每一年、每一天都必须为上学做好准备。在各个年级都需要不同的准备。例如，上幼儿园的孩子可能需要学会安静，而上学的孩子可能需要学会发言。更为容易和明智的做法，是让孩子从小就养成学习的习惯，这样，孩子才能受益终身。

有些清单开始考虑到了这些方面，但仍然过于笼统，以至于很难知道该做些什么来帮助孩子做好准备。

下面就是几个例子：

"为孩子做出榜样。"

"建立家庭规则和限制。"

"让孩子自己做事情。"

"与其他父母一起改善我们的学校。"

这种清单几乎就像挥动着魔棒希望所有事情都称心如意一样。

我从今天的父母们那里听到的是，他们不需要更多笼统的建议，这些建议是他们已经知道的。父母们说，他们需要的是具体的建议。

三大问题清单

我已经发现了影响孩子学前准备的 3 个关键大问题。而且，每个父母都可以通过一些具体活动来解决这些问题：

孩子的社会能力和团队精神如何？ 如何才能帮助孩子学会尊重别人的权利、坐下、专心、听从老师的指令、轮流做事？

孩子的条理性如何？ 如何才能帮助孩子适应学校的条理性？怎样才能帮助孩子有条理、有步骤地做事？

孩子如何对待自己？ 如何才能帮助孩子学会应对失望、容忍挫折以及

> 你要求孩子畅所欲言，但你必须帮助他们练习等着说话、等着需要得到满足，否则，在教室这个群体环境里他们就会碰到麻烦。

199

使自己的需要得到满足，即使是与其他孩子在一起时？

下面这些活动，就是能在家里开展的针对学前准备的练习。

1. 社会能力和团队精神

学会坐下　■　年龄：3~5 岁

尽管现在的学校不要求孩子们整天坐着，但许多事情都是坐着来做的。所以，不习惯坐着的小孩子，必须习惯这一点。

这需要练习，但你可以把它变成游戏。你需要几把椅子、一块带秒针的手表。

一旦坐下，就必须坐一定的时间。开始可以让孩子坐 15 秒，第二次增加到 30 秒，第三次则增加到 1 分钟。

要达到坐 5 分钟的目标，你可以和孩子聊天、读书或者只是静静地坐着。对于疲惫的父母来说，这个活动再好不过了。

从坐 15 秒到 5 分钟，可能需要几个星期的时间。有一个规则要严格遵守：父母和孩子必须坐在同样硬的椅子上。因为学校里不会有枕头。

学会轮流　■　年龄：3~5 岁

在小家庭里（尤其是独生子女家庭），孩子很容易会认为自己想说的时候就可以说；想要什么东西的时候就可以要，并且能够得到。

学校里可不是这样，那里的其他孩子也有同样的想法。

现在，我们要听别人说。这是一个在吃饭时开展的活动。你需要一只手表，并要确保每个人都有机会说一些家人感兴趣的事情，例如晚上吃什么、看什么电视节目、朋友，等等。

关键在于要让小孩子（年龄大一点的也一样）养成听别人说话和轮流的习惯。

一开始，给每个人说的时间可以是 30 秒。然后，把时间增加到 1 分钟，最多 2 分钟。如果时间太长，即便是大人也会不想听。

这个活动也可以稍作改变，比如全家人一起决定看什么电视节目。这个活动有助于孩子了解别人的想法。

学会集中注意力 ■ 年龄：3~5岁

老师们说，小孩子们在教室里最大的一个问题是他们不会听，并且不会按照老师说的去做。好习惯是可以学会的。下面这些活动是要在家里为孩子提供集中注意力的练习。

电视上发生了什么 ■ 任何年龄

这个活动能帮助孩子学会倾听和集中注意力，将看电视和集中注意力练习结合了起来。孩子们很喜欢这个活动。你要与孩子一起坐下来看一个你们都想看的节目。

要让孩子事先知道，这是一个集中注意力的活动，你会问孩子一些问题。例如，主要人物的名字是什么？他们穿什么衣服？然后，让孩子问你一些需要回想节目细节的问题。这个活动也有助于教孩子学会问问题，这是孩子在学校所需要的能力。

现在听这个 ■ 年龄：4~6岁

你给出三四条指令，让孩子必须按顺序完成。这是一个游戏，但需要认真对待。指令要容易做到，比如："走到水槽处"、"打开水龙头"、"让水流出来，你数到5"以及"然后关紧水龙头"。接着，跟孩子要一杯水。

然后，让孩子给你发出指令，你来照办。指令的难易要适合孩子的年龄及其听的能力。刚开始时可以短一些，之后可以越来越长。

2. 条 理 性

老师会为孩子们做很多需要条理性的事情："这是你的任务，应该明天完成。"但是，要想在学校做得好，孩子自己必须具有条理性。

合理的、可期待的惯例　■　任何年龄

成年人可能会对惯例感到厌烦，但孩子希望有惯例，并且需要惯例。什么时候睡觉？什么时候吃饭？什么时候看电视？这些惯例越有规律越好。惯例有助于孩子明白学校、周围的世界、别人和他们自己接下来会怎么样。

我们可以让孩子看到我们如何处理那些需要条理性的问题。例如，孩子需要看到大人如何为干好一件事情做准备。如果我们要粉刷房间，需要准备什么？当我们洗车时，需要准备什么？当孩子有家庭作业要做时，他们需要什么？

下面这些活动能帮助任何年龄的孩子变得有条理起来。

一个用来学习和读书的安静地方

你需要的就是一把椅子、一张桌子和一盏灯。此外，还可以准备一株植物、一张画、一个彩色记事本。这可以是一个角落、一间书房，也可以是能放在床上的一块木板。

在各处放上书和杂志

孩子们需要看到父母看书，还需要有人念书给他们听。孩子们需要能够自己在家里找到喜欢的书和杂志。

阅读应该无处不在，成为我们日常生活的一部分，包括在客厅和卧室。

最近，我与一个教育改革家谈到了学校必须怎么做才能改变孩子们受教育的状况。最后，我问他："你怎么学会了对这么多事情如此感兴趣？"他想了一会，说道："我记得自己小时候几乎每天在浴室里待45分钟看百科全书。那是我们家放各种旧东西的地方。我想，我喜欢那种安静，喜欢看那些书，"他说，"那真是我了解自己现在知道的几乎所有事情的地方。"

这段话并不是说学校不需要改革了，而是再一次表明了每个家庭对孩子教育的重要性。

放上纸和笔

在家里各个地方放上便笺本和笔，以便孩子能随时写一些东西。

在电话机旁边放上纸，以便写便条；在厨房里放上纸，以便记下需要采购的东西；在电视机旁放上纸，以便记下想看的节目表。

制定计划的"工具"

你要准备一个日历，不需要花哨，但每个日期要有一个大空间，并要在上面系一个记号笔。孩子们需要看到有些事情是有规律的，有些特别的事件是会带来惊喜的。

每个孩子都需要一个自己的日历。把日历每天都翻到当天的那一页，是需要条理性的。当孩子看到父母这样做的时候，他们也会这么做。

就像利用日历一样，孩子们还可以用通讯录来记下朋友、学校、图书馆等孩子常去并需要了解的地方的信息。

孩子不仅应该看到我们为解决问题所做的准备，还应该看到大人是按照一定的方法来做的。让孩子参与这个过程，他们就能感觉到自己怎样才能掌握条理性。

3. 对自己的态度

学校可以成为鼓励孩子的地方，但是，孩子得到的却经常是令人气馁的经历：分数不高、被老师喝斥、与朋友不和、没有获得扮演剧中角色的机会、作文必须重新写。这样的事情还有很多。

我们有办法帮助孩子为处理这些令人沮丧的日常事情做好准备吗？

虽然我们不能保护孩子不受伤害、免于沮丧，但我们能帮助孩子获得一些认识，以帮助他们处理这种情况。

我们要传达给孩子这样五个信息：

◎这样的事情会经常发生。

◎它们不能把我们怎么样。

◎总有新的一天。

◎要有勇气。

◎记住，我们爱你。

你必须要有心

在一个老师要花很多时间对付那些只是为了引起老师的关注而调皮捣蛋的孩子的教室里，想引起老师的积极关注可能会很难。那么，我们怎么帮助那些行为良好的孩子礼貌地对老师说"请关注我"呢？

首先，你当然要鼓励孩子举手。但是，孩子或许会发现别人会抢先喊出答案，或者老师仍然会叫其他同学回答问题。要尽量避免对孩子说："那个老师不喜欢你。"

最好的办法是鼓励孩子自己去跟老师谈谈，告诉老师他们对于没有叫到自己有什么感受，或者如果孩子觉得自己受到了不公正的批评，要去告诉老师这对自己的感情造成了怎样的伤害。根据我当老师的经验，我相信这是最能打动老师的方法。

这件事对于孩子来说并不容易。孩子需要你的帮助来练习怎样对老师说。这也可以使你站在老师的角度，并让你理解老师的想法。

我们需要让孩子为学校生活做好准备，学校基本上是一个好地方，但由于要为全体孩子考虑，难免会让个体感到有些困难。

学校还是孩子得到荣誉、赢得奖励、结交朋友、体验成就的地方。孩子接受起这些事情来比较容易，不需要让孩子有太多准备。当孩子真的受到奖励时，帮助孩子准备一个适度谦虚的获奖感言是有用的。

我们谈了这么多为上学要做好的"头脑"准备。但是，心这个神秘的器官并不只是能供血，它或许更重要。

孩子必须要有一颗在学校取得好成绩的心。

第 *14* 章

上学之前的读、写、算

即使孩子还没到上学年龄，父母们也会担心："我的孩子什么时候能够读、写、算？"

这种担心很正常，尤其是我们现在很担心孩子的学业以及孩子会的东西是否足够多。

读、写、算，尤其是读，是关系到孩子在上学时——通常是一年级——能否取得好成绩的决定因素。这种想要超越别人的压力让孩子、父母和老师都难以承受。本章不探讨如何改变学校的课程进度，而是提供一些能够帮助孩子在上学之前就熟悉读、写、算的活动。

这些活动不是要将学校里的课程复制到家里来，而是要运用家里的独特资源。父母可以做许多事情来帮助孩子的学业，而且我指的不是利用卡片和辅导资料上的习题。在家里，有很多鼓励孩子学习的方法，而不必用到学校里的传统方法——这种方法最好留给学校。孩子在家里需要一个不同的、非正式的、个人化的阅读环境。

> 当孩子年幼时，做好阅读准备不是静悄悄的、一个人的活动。这个活动经常要让父母和孩子聊聊天。早早地就同别人一起交谈和阅读，有助于在以后激发起孩子独自阅读的欲望。

与形状打交道

要阅读，孩子需要识别形状。字母就是代表各种发音的不同形状。要阅读，孩子们就需要看出各种形状的相似之处和不同之处。下面是几个简单而有效的认识形状的游戏。

剪出形状

用彩色纸或者报纸剪出一些同样大小的大大的圆形、正方形和长方形。从这三种形状中各拿出一张放在地上，让孩子从其余的纸片中找出同样的形状并放在一起。

然后，把这些纸片换成更小、更复杂的形状，包括大、小写的字母。要让字母大一些。刚开始时，让孩子玩的字母可以是 3 个，然后可以增加到 10 个、15 个，直到 26 个。孩子最终会在一次游戏中找出所有 26 个字母。

你还可以用数字让孩子玩这个配对游戏，要从"1"开始，如果孩子有兴趣的话，可以逐渐增加到"100"。

找形状

在家里的四处看看，找出不同的形状：玻璃杯上的圆形，长方形的桌子、地毯和窗户……

可以吃的形状

你需要准备面包片、花生酱，一把钝刀。将面包片切成不同的形状，每种形状要多切几片。让孩子找出两片同样形状的面包，在其中一片上抹上花生酱，再把另一片压在上面，就做成了一个美味的三明治。

对这种形状游戏感兴趣的孩子可能会自己玩这个游戏，或自己作一些字母形状来玩这个游戏。

听声音

要阅读，孩子还需要听——听各种形状字母的发音。让孩子试试安静30秒，然后让孩子告诉你听见了什么：一辆行驶在街上的小汽车、一只唧唧喳喳的鸟儿。这个安静的时刻对父母来说也是美妙的。

说出声音的名称

让孩子闭上眼睛，说出他们听到的声音。例如：钥匙的丁当声、水龙头的流水声。然后，让孩子发出一些声音，由你说出听到了什么声音。

旋律

用一把叉子在桌子上敲出旋律。让孩子把你敲的旋律敲出来。你可以敲出各种风格：慢的、快的、喧闹的、柔和的。随着孩子反应能力的提高，你可以用更复杂的旋律和风格。

读音看字

将孩子的听力与字母的发音结合起来。为了帮助孩子把声音和字母联系起来，可以在一张硬纸板上画出一排方格，方格里填入字母。例如：

S	D	F	M

开始的时候要简单一点，画出三四个方格就行，字母也要是孩子容易辨别的。你每发出一个音，要让孩子用一个纽扣或一粒豆或一个用硬纸板做成的小圆片盖住相应的字母。

熟悉单词

隐藏的字母

　　厨房里到处都有字母——从冰箱到水槽，从猫粮、食物包装袋上到肥皂上。

　　跟孩子做一个找字母的游戏。比如，让孩子找出 5 个 A 或 3 个 C。先从简单的字母开始，逐渐让孩子找难找的。然后，可以让孩子把找到的字母写下来，或者把有这些字母的东西拿给你看。这样，在跟孩子玩的过程中，就帮助孩子形成了阅读观察能力。

> 　　要鼓励孩子与你一起大声读单词。表达和写作能力强的孩子喜欢单词的发音。如果一个在婴儿床里喃喃学语的婴儿开始喜欢上了单词，这种喜爱就会一直持续下去。

商店里的眼睛

　　这个活动能加强孩子对颜色、形状、大小和数字的概念。在购物时，让孩子去找出一盒洗衣粉，或许可以要求孩子去找印着蓝色字母的橙色大盒子。然后，让孩子去找出装在白色包装盒里的鸡蛋，或者装在黄色罐子里的绿豆。经过一点练习，孩子就能够找出这些东西了。对于能认字的孩子，可以给他一张购物清单，让他自己去找。

字母随处可见

　　每一天，都可以把你们看到的字母给孩子指出来。例如：S——stop、store、school；B——bus、bank、beauty shop；F——fire、flowers；G——go、gas。

　　阅读可以随时随地进行。比如，坐车时，可以大声念出看到的各种标记，并鼓励孩子看到时就念出来。

给家里的物品贴标签

就像老师们在教室的门上、课桌上贴标签一样，父母和孩子也可以在家里的床、沙发、地毯上贴标签。

打扮我

衣着方面的词包括"衬衣"、"外衣"、"袜子"、"鞋"等等，身体部位的词包括"脚"、"手臂"、"头"、"膝盖"等等。卧室是让孩子学这些词的好地方。在穿衣和脱衣时要大声说出这些词。把这些词写到一张大纸上。可以将一张画有孩子轮廓的大海报贴在卧室墙上，在各个部位写上相应的词，孩子们很喜欢在上床睡觉时看看"自己"。

满屋子的词

在报纸和杂志上找出家具和其他家居用品的图片。在一张大纸上标出"客厅"、"卧室"、"厨房"。让孩子把找到的图片贴在相应的"房间"内。这个活动能够帮助孩子积累词汇并学会分类。

讲 故 事

任何时间都可以给孩子讲故事，但这个活动是要让孩子编故事的结尾。给孩子讲一个带着问题的故事，让孩子说说如何解决这个问题。如果有必要，你可以用孩子知道的故事中的情节，但要在结尾之前停下来。一旦孩子能够自己编故事，就要鼓励他们编出一些需要你解决问题的情节。

熟悉数字

配对和堆放

洗好的衣服可以教给孩子数字概念。让孩子将每一双袜子配好对，并数数有几双；数数有几条床单，并将床单折叠起来：先折成 1/2 大小，再折成 1/4。

我自己的日历

孩子的房间里应该有一本日历。把各个重要的日期都标出来。让孩子算算到那一天还有多少天、多少小时。

你的尺寸是多少？

让孩子用尺子、皮尺或线绳量量自己手和脚的长度和宽度。跟孩子说说家里每个人的鞋子、连衣裙和衬衣的尺码。谁的手最大？谁的脚最小？谁的腿最长？

玩商店游戏

把牛奶包装箱和盒子留起来，用一些游戏币或真币（真币更好玩），让孩子给商品定价。一升牛奶多少钱？一罐玉米多少钱？还可以让孩子找出报纸广告核实这些价格。

浴缸里的数学

小孩子都喜欢玩水，而且这还能教给孩子一些数学知识。在浴缸或水槽里放一些各种容量的塑料容器：杯子、200 毫升的容器、500 毫升的容器、1 升的容器、2 升的容器。

在浴缸中放一些水，让孩子做实验，问孩子：多少杯水能装满一个大容器？多少个 200 毫升能装满 1 升？孩子不一定要记住计量单位的名称。这个游戏的重点在于让孩子体验并喜欢与数字打交道的经历。

快乐的测量

世界上各种各样的东西都可以测量。灯有多高？房间有多宽？你可以用卷尺、皮尺、线绳——任何可以测量的东西都行。将测量结果写下来，并告诉家人。

四处看看，数数一个房间有多少个窗户和门。然后，数一下家里总共有多少个房间，猜一猜家里总共有多少个窗户和门。

游戏＝学习

数学是室内游戏的基础，从简单的宾果游戏到复杂的桥牌游戏都是如此。

对于小孩子来说，可以让他们用不同的数字序列做连线游戏：年龄小的孩子可以做 1、2、3 的连线，有些经验的孩子可以做 3、6、9 的连线。

很多游戏都能帮助孩子熟悉数字并提高数学能力，比如宾果游戏、多米诺游戏、"跳房子"游戏、钓鱼游戏、飞镖游戏等等。

第 *15* 章

阅读：与书相伴

作为父母，我们可能会做错一些事情，但是，如果我们帮助孩子喜欢上了阅读，我们就已经做对了很多事情。

◎我们就能让孩子遨游于宇宙和星辰。

◎我们就为孩子打开了了解自己和别人心灵的大门。

◎我们就给了孩子受益终生的人生地图。

作为一个离婚家庭的孩子，我的丈夫有着亦苦亦甜的童年记忆。然而，有一个记忆始终是甜蜜的：几乎每天晚上，他的母亲下班回家之后，都会在他上床睡觉之前念书给他听。他说，这使他成为了一个终身爱读书的人——这是母亲给予他的一件永恒礼物。

我们都知道阅读的好处。我们知道，大多数孩子喜欢阅读就像鸭子喜欢水一样。但是，与终生喜欢水的鸭子不同，很多孩子在长大后就不喜欢阅读了。

本章中的活动，能让你用来在家里帮助孩子热爱阅读和学习。需要说明的是，尽管有很多父母知道给孩子大声朗读的重要性，但很多父母可能不了解另外一些能帮助孩子阅读的日常活动。本章并不对孩子在进入正规

> 阅读的主要问题，不是如何教孩子读，而是如何保证他们坚持阅读，并不断扩展阅读能力和兴趣。

学校之前是否应该阅读提供答案。这个问题没有简单的答案；专家们的看法通常也相互矛盾。在我看来，你需要利用自己能够找到的各种方法，来适应孩子在不同时期的不同需要。

让孩子爱上识字

神秘单词盒 ■ 年龄：5~9 岁

我认为，我在家里和自己的孩子做得最好的一个识字活动，就是我们称之为"神秘单词盒"的活动。这是一个识字活动，但远远不只是识字。这是在孩子晚上睡觉前做的活动，深受父母和孩子的喜爱。

我们用的是一个盒子、一些卡片。活动是这样的：每天，让 5 岁的女儿挑 5 个神秘单词。她不必知道如何拼写或是什么意思，而可以选择她听到的、吸引她的任何词。这个活动的神秘之处就在于，没人知道她会选什么词。我要做的是把这些词用大大的印刷体写在卡片上。她要从卡片上把这些词大声"读"出来。接下来，我们会一起说说这些词的意思，然后，把这些卡片放入盒子里。

我现在只记得当时说过的几个词了——我真希望把那个盒子保存了起来。这会比博物馆里的文物更宝贵。我能记得的是，那些词是表示情感的或者发音有趣的，例如，"爱"、"死亡"、"意外"、"鳄鱼"等。

那时，我有时会发现我的孩子把盒子里的卡片摊在床上。这是她自己的词，她会用这些词做游戏，大声念出来。有时候，她会把卡片贴在自己房间的墙上，以便能够在晚上睡觉时看到它们。

这个单词盒真是孩子喜欢的单词的一个宝库。它成了孩子自己的宝贵财富，对这个宝贝的喜爱会持续很长一段时间。

做和读 ■ 年龄：7~9岁

寻宝游戏

设计一些在家里玩的阅读游戏，并鼓励孩子也设计一些。在我们家，"寻宝游戏"是由当时8岁的大女儿为了让6岁的妹妹练习阅读而设计出来的。她把提示写在纸条上，并把这些纸条藏在家里的各个地方。妹妹很喜欢找这些纸条，并经常叫姐姐多写一些。

读和做

给孩子列出要做的事情。例如："把一张报纸卷起来，对折3次，再用一根绳子系紧。"这些事情可以是随意编出来的，也可以是需要做的家务事。

给孩子写信

你跟孩子互相写信，并把信寄出去或者直接塞进你家的信箱，都是练习阅读很好的办法。信的内容可以逐渐由短变长。

在你给孩子写的信里，要"藏"一些新词。大多数信要使用简单的语言，但要加进几个新词，让孩子找出来问你。这会让孩子获得收到一封信和发现新词的双重喜悦。

烹煮方法

做饭不仅仅是做饭——你必须要知道第一步做什么，第二步做什么。和孩子一起选择一种烹煮方法简单的食物。让孩子念出食物包装上的烹煮方法，如果孩子还不识字，你要给孩子读出来。

早晨便条

给孩子相互留便条。孩子喜欢得到惊喜，对于给别人写便条会很骄傲。下面就是一张可以贴在卧室电灯开关上的便条，"亲爱的苏珊：当你起床后，请把你房间地板上的东西收拾好，并放回原来的地方。爱你，妈妈。"

便条要保证孩子自己能看懂。对于很小的孩子，便条可以是："我爱你。待会儿见。"一天早上，我起得比平时晚，发现了一张从门缝里塞进来的便条："妈妈，别担心。我吃完饭出去玩了。爱你，杰西卡。"（杰西卡当时刚 7 岁）

参与激发阅读的兴趣

学校放假并不意味着孩子就不用学习了。这里说的学习，指的不是参加补习班或者赶家庭作业，而是孩子的探索时间以及发现学习乐趣的时间——事实上，这种学习乐趣或许会在假期得到加强。

假期是加强和拓展孩子的学习的好时机——但不能让人感觉像上学期间一样。下面这些活动会让孩子感觉很特别，因为能给孩子乐趣和知识。

我现在做什么？　　■　任何年龄

这是孩子们在假期经常问的问题。答案是，做一个假期公告牌或者假期日历，这是激发孩子的计划能力并为计划好的事情承担起责任的一个方法。

让家人提出各自对假期的想法。孩子可以从报纸上剪下相关文章，在便条上写出自己的想法。

在一张大纸上，写下每一天的日期，并留出很大的空白。谈谈家里的每个人想做什么。不仅要为外出活动作计划，也要包括在家里的活动。孩子可以把自己的想法用笔填到相应的日期处。这能让孩子锻炼自己提出想法，并与有不同想法的家人达成妥协的能力。

父母应该把自己的日程安排也写上去，从而让孩子知道父母即使在假期里也有要承担的责任和必须做的事情。

可以建议孩子选择一些首次尝试的新活动，或者深入做一些原来做过的活动。这些活动或许是滑冰或者烤饼干。要让孩子找那些能提供积极经历的活动，尤其是能提供成功机会的。

假期里，要尽量同孩子单独度过一段时间，可以是去看电影或散步。要用这个机会跟孩子聊聊天，你要尽量多听少说。

家庭兴趣中心　■　任何年龄

将与某个主题相关的书、文章或者图片放在一张桌子或书架上。鼓励家人看看这些材料，并聊聊这个主题。

不出家门的暑假环球旅行　■　年龄：7~12岁

长长的暑假对每个人来说都可能很难捱。即使孩子也会在刚开始的开心后，感到无聊起来。

这里有个办法：让孩子不出家门去旅游。有了想象力，起居室里的旅行就可以与环球旅行媲美，尤其是在教给孩子社会知识方面。

把一张大的世界地图贴在墙上。全家一起在地图上标出你们的旅行路线。先用铅笔轻轻地标出一条，等大家意见一致后（比如是否去罗马），用记号笔描出来。把每一段旅程用不同颜色描出来。

在地图旁边的墙上，贴上你们行程的日期和地点。例如：

7 月 15 日	坐飞机启程赴伦敦
7 月 16 日上午	到达伦敦
7 月 20 日	前往巴黎

　　这次旅行可以持续整个夏天。可以每天或每个星期花点时间聊一聊。

　　要避免教科书式的学习方式。尽量与孩子一起过一个特殊的"巴黎之夜",安排一顿法国大餐,唱法国歌;"北京之夜",吃一顿中餐,学习用筷子。这些夜晚不一定要精心安排,关键在于让孩子自己做准备,其中包括让孩子收集信息。

　　可以通过各种渠道收集信息,旅行社、大使馆、旅游局、互联网、图书馆……

　　尽管这种旅行不是实地旅行,但孩子从中得到的阅读和学习乐趣至少是实地旅行的一半。

阅读:一个习惯　■　任何年龄

　　即便最好的学校,也不能照顾到所有孩子的阅读需要。读课本并不会使人形成终生阅读的习惯。

　　看、听以及交谈能让孩子为阅读做好准备,但孩子还需要有阅读的欲望。这正是家庭环境能起作用的地方。教孩子阅读的目标,不是要让孩子在"不得不"读的情况下才读,而是要让孩子喜欢阅读,并且能在完成作业以后继续读。下面是父母可以在家里用来鼓励孩子养成阅读习惯的一些方法,能让孩子不止为了完成家庭作业而阅读。

我的阅读角

　　所有的孩子都需要有自己的书架和台灯。这些东西不需要很精制或很昂贵。书架甚至可以是一个上漆的柳条箱或者硬纸箱。关键是要方便孩子阅读并有阅读的欲望,要让孩子把自己看成是爱读书的人。

快乐的梦想

要鼓励孩子装饰自己睡觉的地方。装饰得越有吸引力，就越容易让孩子上床睡觉。要问孩子怎样才能使他们睡觉时更舒服。比如：多给孩子一个枕头，可能会使孩子更方便在床上看书，也更想在床上看书。

随身带着书本

试试在野餐或者开车时大声读书。有些人在坐车时看书可能会晕车，但有人发现晕车会逐渐好转，并且坐车时是看书的好时机。

轮流读书

试试大声念书给正在做家务的人听。在你清理冰箱、做饭和整理待洗的衣服时，要鼓励孩子念书给你听。

与孩子一起阅读

不仅要念书给孩子听，还要与能识字的孩子一起读书。你可以和孩子分别读出书中不同角色的话，并把你们的声音录下来，这会使阅读更有乐趣。

让孩子给你讲故事，你把故事画出来。这样，孩子就能够把自己的故事向你"读"出来了。

> 所有阅读过这本书的人可能都知道，念书给孩子听是多么重要。即便如此——我们也不要忘了指出来——你或许不得不抽时间来念书。这是如此重要，以至于必须抽时间，而不是利用空余时间。即使每天 5 ~ 10 分钟也能起到很大的作用。

当孩子能自己读书时，父母们很容易说："谢天谢地，我们现在可以把这件事忘掉了。"然而，阅读绝不仅仅是一种能力。它需要逐渐培养，并要鼓励孩子终身阅读。

221

图书馆

　　尽量带孩子至少每周去一次图书馆。要让孩子从容地浏览、寻找书籍。要让孩子借一些书回家，不管在你看来这些书太难还是太容易，或者是否值得读。你可以另外借一些你认为适合孩子读的书，这样，如果孩子不想看自己借来的书，就可以让他们看你借来的。

为什么要买书？

　　既然你可以去图书馆借书，为什么还要花钱买书呢？这是因为自己拥有的书跟借来的不一样。有些书是应该永远放在家里的，想什么时候看就什么时候看，可以在上面作标记，还可以反复读。许多父母注意到孩子会反复看某些书，就会问孩子为什么。孩子会回答："我太喜欢这本书了。"这就是要买书的理由。

　　由于有公共图书馆，我们就不用花很多钱买书了。但是，因为市场上有那么多书，为孩子选择要买哪些可能并不容易。应该从哪里入手呢？

从孩子入手

　　如果孩子已经能阅读，他们可能有一些喜欢看的书，并想拥有。如果孩子还不能阅读，就要问问他们喜欢哪类故事：哪类主题？他们希望更多了解些什么？

　　跟孩子的老师或者学校图书馆管理员聊聊，他们一般有一个好书单，并愿意与你分享。

　　要找到你的孩子感兴趣和需要的书。一个很胆怯的孩子，可以从一本描写胆怯的孩子找到做大事的勇气的书中得到很多东西。你还可以找一些介绍不同种族和文化背景的孩子的书给孩子看。

尽早解决孩子的阅读困难

孩子们想读书，如果他们有阅读能力，就会读。如果孩子在快读完一年级时还不会阅读，那肯定是有原因的。原因不是他们"懒惰"或者"笨"，而是大人的指导方法不对，或者孩子没有掌握所教的东西。

这种情况需要好好分析一下。原因通常与身体有关。视力不好是一个很明显但经常被忽视的原因。精细动作协调能力不足，即使在很喜欢运动的孩子身上也会出现。

父母和老师需要注意阅读障碍的早期迹象。此类障碍现在一般都被归入读写困难症。现在有了越来越多的办法来帮助解决这个问题。你可以向社区或学校了解一下。

一些孩子的阅读障碍也许与缺乏自信有关。这些孩子觉得自己什么都干不好。父母可以通过一些活动帮助孩子建立起自信。

满足特殊的学习需要

教育不像连裤袜，没有适合各种尺寸的均码。尽管我们知道左脚一般比右脚大，但两只鞋的尺寸一般都是一样的，所以左脚的鞋子通常会夹脚。

特殊教育就像那些量身定做的鞋子一样，能给孩子提供适合其特殊学习风格的教育方法。

特殊学习风格的孩子，在家里需要的不是那些他们在学校已经难以适应的练习。他们需要并且想要的是能让他们体验到成功的活动。

在家教育计划

在学校里，个人化的教育计划是为教育特殊学生开发的。下面是一个我称之为"在家教育计划"的例子，能在家里为孩子提供针对性的帮助，以扩展并加强——而不是复制——孩子在学校所学的东西。

这个活动分为"看"、"听"和"做"三个部分。

■ **"看"** 的部分提供下面的练习：

　视觉分辨——看出相似物体之间区别的能力。

　视觉记忆——记住所看见的东西的能力。

■ **"听"** 的部分提供下面的练习：

　听觉分辨——听出相似声音之间区别的能力。

　听觉记忆——记住所听见的声音的能力。

■ **"做"** 提供下面的练习：

　视觉和听觉的整合——综合运用视觉和听觉的能力。强调创造性和眼-手协调能力。

电视，看还是不看 ■ 年龄：7~9 岁

这是帮助孩子通过适应各种学习方式来培养阅读能力的一个例子。

星期一，把电视节目表贴出来，并大声读出来。跟孩子谈谈为什么看某个节目可能比看另一个节目要好。

看

视觉分辨。看电视节目表，指出一个电视频道的数字。让孩子指出另外两个频道的数字。

指出一档以字母 T 开头的电视节目。这是一个好节目吗？让孩子找出一两档以这个字母开头的其他节目。这些节目好看吗？为什么好看？为什么不好看？

视觉记忆。与孩子一起看看两个不同频道在同一时间播出的

节目有哪些。

让孩子说出两个频道在同一时间各放的是什么节目。全家人可以看其中哪个节目？为什么要看那个节目？

听

听觉分辨。告诉孩子你经常看的一个电视节目的名称，以及你为什么要看这个节目。让孩子说出这个节目的名称。

现在，把你看的那个节目的名称再说一次，但这次还要同时说出另外三个节目。让孩子认真听，并在听到你原来说的那个节目时，向你示意一下。

交换角色。让孩子说出自己最喜欢的一个电视明星的名字。你要认真听。然后，让孩子说出另外一些电视明星的名字，包括他刚才说的那个。现在，轮到你听并且在听到那个明星的名字时举手示意了。

听觉记忆。假装你是一名电视播音员，你的工作是报出三个电视节目的名称。让孩子认真听，并按照同样的顺序说出这些节目的名称。

跟孩子一起看一个电视广告。让孩子认真听并回忆：广告里有音乐吗？是什么商品的广告？广告里出现了几个人？

做

眼-手协调。保存几份电视节目表，以便能把一些节目剪下来，并再粘起来。这项任务是要制作一份你们喜欢的电视收看指南。

全家人一起谈谈并比较一下每个人喜欢的节目。如果你管理一个电视台，你会播放什么节目？

没有人能不阅读

在掌握了基本的阅读能力后，一些孩子会成为如饥似渴的阅

225

读者，无所不读。另外一些孩子会专注于读某一方面的东西，喜欢读传记、历史甚至诗歌。大部分人就只会看看报纸、杂志以及一些说明书了。

但是，没有任何一个人能不阅读。

我们都需要坚持阅读，即使是为了保护自己。阅读甚至会比武器更有效。我们的孩子在填表和签合同之前，需要先读其内容。他们在花钱看电影之前，需要读一些影评。这些都是功能性的阅读，不会提升或激励人，但却是日常生活的一部分，就像每天要刷牙一样。

如果有人说自己不阅读，甚至连早报也不看一下，我真不知道他们怎么能吃得下早餐或开始一天的生活。在我小时候，电视还没有普及，对于我来说，在早上读一份报纸让我感到自己为迎接这一天做好了准备。我读报成瘾，以至于如果没有当天的报纸我就会从垃圾筒中找出之前看过的旧报再看一遍。

第 *16* 章

作文：每个孩子都可以

据我所知，每个班级的学生都会叽叽喳喳地说个不停，直到老师说让他们写作文。这时，他们就没什么说的了，被吓住了。如果没有练习过，写作文就会很可怕。就像学骑自行车或开车一样，写作也需要练习。

本章里的大多数活动适用于各个年龄的孩子。好好看看这些活动，并找出那些对你有用的。

> 每个家长都可以在家里做许多事情来帮助孩子培养写作兴趣和学会写作。不必知道分词和动名词的区别，关键是要帮助孩子多写、更随性地写。这样，我们就能教会孩子写作文了。

在家里做这些活动时，应该关注的是让孩子多写，而不要太在意拼写和语法。我也和别人一样，希望孩子们的拼写和语法都正确。但是，你无法一次教会孩子所有的事情。在这些活动中，你教给孩子的是写作的快乐。

开始：随便画几笔 ■ 任何年龄

万事开头难。面对一张干干净净的白纸会让人有点害怕，会让人觉得写上去的东西必须十分完美。所以，要在上面随便画几笔。

有时候，年龄小的孩子并不像被白纸吓住了的大孩子那样需要画这几笔。我说的画几笔，指的是随便乱画。这能放松肌肉，减轻压抑感。

图片和文字 ■ 年龄：5~8 岁

杂志和报纸上的图片，抵得上你的千言万语。任何畅销杂志都有很多好图片。可以把你碰到的广告中吸引你的图片收集起来，整理成一个文件夹。在这个活动中，要让每个人选一张照片。要求是仔细看照片，观察细节，并搞清楚照片中发生的事情。

> 还有个办法能让孩子不断有想法可说。以"从前"开始一句话，每个人要加上一个句子使故事延续下去。有些话会很荒唐，但重点在于通过这种方式让孩子学习如何编故事。要让孩子说下去——有了这种"说"才会有以后的"写"。

问这样一些问题：照片里发生了什么事？你认为在拍这张照片之前发生了什么事？之后会发生什么事？

让每个人把自己的想法写下来，并大声读出来，比较一下各自的答案。如果有还没上学的孩子，就替他们把想法写下来。这些想法不一定要完全有意义。

故事和排顺序 ■ 年龄：5~7 岁

让孩子选 3~5 张能讲出一个故事的图片。把这些图片粘到硬纸板上，并分别编上号码。

让孩子按照图片的数字顺序讲一个故事。即使学龄前的孩子，不用很多帮助也能参与。然后，把图片的顺序换一下，再让孩子讲一个故事。看看故事有什么变化，对孩子和大人来说都会很有意思。

下面是个例子：

世界博览会的故事

一天，有一个很好的伐木工

他们非常聪明，我希望你喜欢他们

我坐上了缆车。你喜欢缆车吗？

有一天，我去了旱冰场。

恐龙很和蔼，但不是特别和蔼

孩子可以把他们的故事写下来或者画出来。如果孩子还不会写字，可以把故事说给会写字的孩子，然后由那个孩子把故事写下来。

故事的结尾 ■ 年龄：5~9岁

孩子们需要能讲有开头、中间和结尾的故事的能力。我真不喜欢听孩子们讲又长、又杂乱无章的故事。我知道，我应该说我喜欢听孩子们讲的每一个字。但是，用不了5分钟，我会像逃难一样问他们："这个故事怎么结束的？"孩子们应该知道，既使一个好故事也要有结尾。

让孩子给故事结尾 ■ 年龄：5~9岁

给孩子讲一个故事，但是，要在结尾之前停下来。让孩子讲完这个故事，刚开始，你可以和孩子一起编出结尾，然后，要让孩子自己编。

在给孩子大声念完一个故事之前，要停下来问问孩子认为故事会怎样结尾以及他们为什么会那样想。

逻辑顺序游戏 ■ 年龄：7~9岁

从报纸上剪下一段文章，或者让孩子把自己想到的一个题目写下来。大型印刷广告中一些专业作者写的文章比较适合用来做这个活动。

把文章按照句子剪成小纸条，并混合在一起。让孩子把这些句子按照逻辑顺序拼起来。小学生很喜欢这个游戏，并且尤其喜欢父母参与。这个活动本身就很好玩，但更重要的是能让孩子认识到文章的句子之间需要符合逻辑。

看广告 ■ 年龄：8~12岁

让孩子看表达一个主要观点或"主题"的彩色广告，问他们这样的问题：这个广告在说什么？它想要说服我们去干什么？如果广告上是一个强壮、英俊、身边有一个漂亮女孩的男人在一辆高档汽车里喝某种软饮料，就是在告诉我们有关这种软饮料的一些事情。即便是小孩子也知道这一点。广告画面中所有的细节都是用来支持要传达的信息或"主题"的。此时，是让孩子看并与孩子讨论这些图片，孩子很快就能写了。

组织想法 ■ 年龄：8~12岁

好文章需要把想法组织好，要有逻辑。试试下面这个活动。

让每个人写下一个想法或一样东西的名称，目标是把写下来的这些东西组织成一个合乎逻辑的句子。假设写下来的是"玩具"、"旅行"、"阳光明媚"、"老师"，你可能会组成这样的句子："在阳光明媚的日子里，老师让班里的学生带着玩具去旅行。"即使你们想到的各个词之间没办法组成合乎逻辑的句子，但把这些词连在一起也是个很好的思维练习。

主题接龙 ■ 年龄：8~12岁

这个活动是要轮流说出一个主题和句子。例如：简说"猫"，吉姆就要说出有关猫的一个句子。这个句子可能是"猫很自私"，或者"猫很漂亮"，或者他能够想出来的任何一句话。然后，吉姆要想出另外一个主题，由别人说出一个句子。

这个游戏将听和写的能力结合在了一起。最好鼓励孩子对一个主题说出"大"的表述。以"妈妈"这个主题为例，"我妈妈喜欢早餐吃麦片粥"就是一个相对较"小"的表述。让孩子想出一个"大"的表述，例如"我的妈妈整天都很忙"，会使后面展开作文更容易。

孩子年龄越小，在开始时需要的帮助就越多。但是，这个游戏一旦开始，就会使每个孩子都参与其中，更加重要的是，能教会孩子两个基本的写作技能：（1）要有一个主题；（2）要对主题说些什么。

主题的头脑风暴　■　年龄：8~12岁

即使是两个人，都可以在一起做一个头脑风暴，把能写的所有主题都记下来。任何主题都可以，可以是父母、滑冰、家庭作业等等。

从这些主题中选择一个。比如说，你们选择的主题是"家庭"。然后，继续做头脑风暴，想想对这个主题能说些什么。不要在意顺序，只要想到的就立即记下来。

现在，你们已经有了对"家庭"这个主题能写些什么的清单。接着要确定先说什么，后说什么。在仔细考虑时，你们可能会发现清单上的有些事情实际上没内容可写，也可能又想到了一些可以加进来的事情。在看这个清单时，要确定哪些事情写在作文的什么地方，并要去掉那些不再有用的事情，加进新的想法。

这时，你们就有了一个想写进作文里的事情的清单，而且可以将它们标上序号。你几乎已经可以开始写了（因为大部分事情已经完成了）——但还缺点东西。

写作文的秘诀：雨伞　■　年龄：8~12岁

我在当英语老师时，尽管一直让孩子们写作文，但却没有真正想过该怎样教他们写。直到有一天，我女儿带着老师给她布置的第一次作文作业回到家，问我："妈妈，什么是作文？"我才不得不认真考虑如何教孩子们写作文。

把词典里对"文章"的常见定义告诉她，肯定不管用，因为她在学校里已经听过了。

所以，我想了一下。我的目光落在了客厅里的一把雨伞上。那把打开的雨伞提供了文章结构的一个直观形式。雨伞为孩子组织自己的想法提供了一个结构。我在教小学低年级和研究生院学生写文章时都用过这种方法，结果表明都管用。

主题

首先，你必须有要写的事情，即"主题"。假设我们要写的主题是"冰激凌"。就要把它写在雨伞上面，如下图所示：

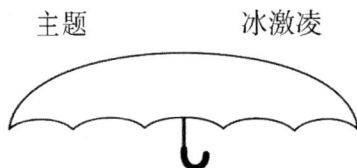

主题　　　　　冰激凌

有了一个主题，固然不错，但对于写作文来说还不够。你需要对这个主题说些什么，这叫"进行表述"。

表述

孩子们对"冰激凌"这个主题，可能会有这样一些表述：

我爱冰激凌。
冰激凌有很多种口味。
冰激凌比菠菜好。

我们要从中选一个表述，写到雨伞的中间：

主题　　　　　冰淇淋

表述　　　　　我爱冰淇淋

论证

有了表述还不够。你必须向别人解释自己的表述。这叫作"论据"。

要将"我爱冰激凌"的理由，写在雨伞的下面。

论据可以是这样的：

主题　　　　冰激凌

表述

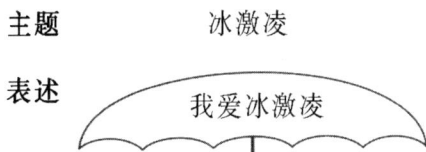

我爱冰激凌

论证　　　　它既甜又凉

冰激凌有多种口味，包括巧克力、香草、草莓等等。任何口味的冰激凌都能让我在天热的时候感到凉爽。

一把破雨伞　■　年龄：8~12 岁

下面是个例子，有助于孩子理解雨伞的三个部分及其之间的关系。

第一部分：要从雨伞的主题部分开始。这个例子的主题是"梦"。

第二部分：表述——是对主题所说的内容。这个部分要写在雨伞中间。这把雨伞上的表述是："我的梦很可笑。"

第三部分：论据。这个部分必须要说"梦"这个主题，并要解释你的"梦"怎样可笑。这部分

> 文章的每个部分都是有联系的——就像一把雨伞的零件一样。首先是主题，然后是对主题的表述，论据是对表述的解释。如果你写了"我爱冰激凌"，但在同一段却解释为什么喜欢烤牛肉，就很荒唐了。但是，如果你忘记了要在雨伞下面写论据，这种荒唐的事情就会发生。

要待在雨伞的下方，不能说与"可笑的梦"不相干的事情。

让你的孩子大声念出下面这段文字：

梦

我的梦很可笑。前天晚上，我看到一只大猩猩向南飞去；昨天晚上，我看见一面旗子向我挥舞；明天，我有可能看到鞋子在路上跑。

问孩子："这是一把好雨伞吗?""如果不是，为什么不是?"我们在看书时看不到这种雨伞，但是，雨伞的各个部分就在那里。

很快，孩子就能够不用雨伞的帮助而写出作文了。但是，想想雨伞能使孩子的思考和写作更容易。

简单和复杂的雨伞　■　年龄：8~12 岁

你可能有一把这样的雨伞："我的家庭很棒。"这是一把又大、又宽、又简单的雨伞。一把更复杂的雨伞可能是"大家庭有好处"。

这些更复杂的雨伞把话题变窄了，并要求作者证明一个很明确的观点。这就是一把好雨伞所起的作用：实际上通过对主题加以限制使写作文变得更容易了，使得没经验的人也能写出好作文。

一个写作公式

所以，你可以看出来，用雨伞教孩子写一篇短文是相当容易的。这给孩子提供了写出一篇短文的秘诀。孩子学会了这种方法之后，就可以继续努力，写出更好更长的文章了。最后，孩子就可以抛开这个公式写作了。

把历史与写作文结合起来　■　年龄：8~12岁

你和孩子假想自己是某个名人，写一篇日记。你们可以选择同一个人，也可以选择不同的人物。这种选择本身就很有趣，你们可以选海伦·凯勒、马丁·路德·金、麦克尔·乔丹、约翰·肯尼迪……

或者，你们可以做一个采访。让一个人扮演一位名人，其他人对他进行采访。可以从新闻中选择一个名人。这个活动还有助于孩子们了解时事。

细节决定观点　■　年龄：8~12岁

我们所写的东西是受到自己观点的支配的，正如这个练习表明的那样。对同一个主题，可以写出两篇内容很不同的短文。例如：吉姆可以把客厅描写为其中的每一样东西都使他感到很失望、很悲伤。而在他以客厅为主题的第二篇作文中，可以把客厅描写得使他感到很快乐。他选择的细节和用词应该清楚地表明他的观点。例如，在第二篇作文里，可以把客厅蓝色的墙壁描写成"阳光明媚的天空的颜色"。

> 可以让孩子写写父母和孩子之间谈的一些家务事。例如：孩子穿着脏鞋进了厨房、做家庭作业、孩子不干家务。这既可以让父母和孩子之间有更多了解，又是很好的写作练习。

对细节和用词的类似选择也可以用来描写人。作家们就是通过这样做，来让我们喜欢或讨厌一个人物的。如果琼斯有一个"有趣的长鼻子"，我们通常会喜欢上他；如果他的鼻子被描述成"又长又尖"，我们就会不信任他。

满足特殊的学习需要

想想你自己 ■ 年龄：7~9岁

这是帮助孩子通过不同学习风格的练习来培养写作能力的一个例子。

看

视觉分辨。在两张纸上，分别写出孩子的两个优点。例如："比尔经常微笑"，"比尔很注意自己的行为举止"。让孩子在另外两张纸上分别写出你的两个优点。

和孩子交换看一下这些纸上写的话，然后把纸还给对方。在另外一张纸上，再写出孩子的另外一个优点，并把这三张纸都交给孩子。让孩子读纸上的话，并找出新写的那一张。

视觉记忆。在三张纸上分别写上三个人的名字。在另外三张纸上分别写上这三个人的一个优点。把这些优点念给孩子听，然后告诉孩子这三个分别是谁的。

把这六张纸混在一起，和孩子轮流从中抽出一张，并大声念出来。如果抽到的是写着优点的纸，就让孩子猜猜是谁的优点；如果是名字，就让孩子说出这个人的优点。

听

听觉分辨。在写着孩子的优点的三张纸上各加一个词。例如：如果纸条上写的是"开心"，就在其前面加上"很"。你要把这个新的优点大声念出来。

让孩子认真听，并说出新添的那个词。

听觉记忆。写出你想要赞扬的四个朋友、邻居或亲戚的名字，并大声念出来。让孩子仔细听，并复述出这四个人的名字。

说出他们每一个人的一个优点，例如：约翰车开得好，迪娜很会讲笑话。让孩子仔细听，并复述出这些优点。

做

眼-手协调。给朋友或亲戚送赞扬他们的纸条。为了给他们惊喜，你可以把纸条藏在他们能发现的地方。比如，给妈妈的纸条藏在枕头底下或衣橱抽屉里。

让孩子自己选择信封，并把赞扬人的话手写下来或画出来。收到别人的手写纸条，总会让人很开心。跟孩子谈谈得到赞美或赞美别人有什么样的感受。

自己创作诗歌　■　任何年龄

发表出来的几乎每一首诗都不是在学校里创作出来的。然而，看到又大又厚的诗集中用粗黑体印刷出来的诗，会让许多人怀疑自己是否能写诗，因为这些诗好像是超人在天外的某个地方创造出来的。

每个人心中都有诗，只是在等着机会表现出来。诗的一个最大好处是它可以有多种形式：长的、短的、快乐的、悲伤的、押韵的、不押韵的。

即使你对诗不熟悉，孩子对诗却不陌生。他们在玩耍中就一直在与诗打交道。

诗是文字的游戏，对字的感觉。以文字及其唤起的画面为乐，是在家里写诗的关键。如果你和孩子都是第一次接触诗，最好先去图书馆借一本儿童诗集。要大声朗读里面的诗。为了更好玩，可以闭上眼睛，手指在诗集的目录上随机指一首来朗读。

你有一首诗！　■　任何年龄

做一个联想游戏。问孩子这样一些问题：黄色让你想到了什么？一个黄色的大太阳？一朵芳香的迎春花？一处被感染的伤口？爱让你想到了什么？想到了妈妈？姐妹？闹钟？

可以用春天、树、花、昆虫作主题。大自然中的一切事物都是很好的主题。把能想到的描述大自然的话都写下来。要鼓励孩子用词来"画出"一幅画。

当你想出了大约 10 句话时，你就有了一首诗！这首诗的艺术性也许不是很高，但是，已经具备了诗的基本元素——能够营造画面并表达感情的词。

父母帮助孩子写诗的目的并不是要让孩子成为诗人，而是提高他们自由地运用富有表达性的语言的总体能力。

下面这首诗，写在我们家厨房墙上的一张发黄的纸上，是我女儿在星期天乡间散步时写的。

> 我每一次走进树林
> 都那么绿，那么清新
> 林中的树
> 摇摆得那么美妙
> 有一条
> 小路
> 我走着

当然，我知道这首诗无法同莎士比亚的作品媲美。但是，我像任何一个父母一样，把它当成名作来珍惜。

游戏也能帮助孩子学语法

在从小学中年级到高年级教语法的过程中，老师要反复教学生造句。每学年的课程可能会增加一点新内容，但总的来说，教的方法没什么变化。

有些学生能很快掌握语法规则，而其他学生仍然会有困难，不管他们已经上了多少节语文课。

获得对句子的"感觉"　■　年龄：7~12 岁

教孩子语法的关键，是要帮助孩子获得对一个句子的"感觉"，并帮助他们将这种"感觉"用于各种类型的句子。你不用涉及主语—谓语，就能教孩子拥有对一个句子的感觉。但是，如果你了解主语—谓语，并且孩子善于接受，向孩子指出每一个完整的句子都有一个主语和一个谓语，也没什么害处。这种主语—谓语组合有时叫做"核心"句子。"男孩奔跑。"就是这样一个句子。

这个游戏的乐趣在于让孩子想出一个核心句子，并对句子进行扩展：一个男孩奔跑；一个小男孩奔跑；一个小男孩很快地奔跑；一个小男孩很快地跑向游泳池，等等。孩子们很喜欢这个游戏。你既可以让孩子说，也可以让孩子写下来。

乔的奶牛在哪里？　■　年龄：7~12 岁

模仿句型是很好的语法练习。要从简单的句子开始："乔有一头奶牛。"孩子既可以重复你说的这句话，也可以自己想出具有相同句子结构的一句话，例如："萨利有一匹马"，然后是"乔和特德有一头奶牛"，等等。

现在，把这句话变成问句："乔的奶牛在哪里？"然后，变成祈使句："乔，把那头奶牛给我牵过来！"当然，你也可以说："哇，乔有一头多棒的奶牛啊！"

填空练习对于学习语法很有帮助。如果把句子大声读出来，效果会最好，这样就能获得对句子的"感觉"。父母可以写出几段话，但要留出一些需要孩子来填的空白。孩子们喜欢这种填空，或许会填上一些很有趣的词。

有一些语法知识的大孩子喜欢"字母串"游戏。这种游戏是要给孩子一组字母——例如 a、d、f、m、p、r、w——并让他们用以这些字母开头的词造一个句子。然后，交换这些字母在"字母串"中的位置。这会很搞笑。谁说写作文令人生畏？

写，到处都可以写 ■ 任何年龄

只要时间和地点允许，就要鼓励孩子写。

让孩子替你给邮递员、需要提醒或问候的人写便条。旅行时，给孩子一个笔记本，让他们写旅行日志或者日记。这样，孩子就可以记下看见的风景、喜欢的东西、吃过的食物。

为写作积累经历

要去的地方 ■ 年龄：7~12 岁

外出旅行不光有趣，还能让人从实际经历中学到东西。

对孩子来说，最好的外出旅行是那些既不紧张又不昂贵的。对于年龄小的孩子来说，这可以是步行去图书馆，或者去商店看看并买几样东西。对于大一些的孩子来说，这可以是去保龄球馆或者去参观一家工厂。关键在于要运用日常事件的潜力。

要作一些计划。把日历从墙上取下来，讨论一下旅行的日期和预算。与孩子一起决定要去哪里。要找一些人们去得少的地方，尤其是在旅途中的时候。这样，就能摆脱老去同一个地方的厌烦感。有些工厂接受旅游者的参观。我现在还能想起与孩子一起去一家啤酒厂和一条轿车装配线参观的情景。那些地方对我和孩子都有很大的吸引力。

所有旅行都不需要计划很详细，随兴而至和灵活性很重要。为了能让孩子对于想看什么有想法，可以给孩子一张地图，以便他们找到自己想去的地方。

作计划并不麻烦

计划可以使哪怕最平常的外出旅行都乐趣无穷，而且并不用花很多时间。

旅行之前。让孩子提前想想自己想看什么，有助于他们届时看到更多的东西。例如，如果你们准备出去野餐并观鸟，就要告诉孩子将会看到什么鸟。孩子们喜欢知道会有什么事情发生。

旅行期间。要鼓励孩子收集纪念品——照片、菜单、明信片，以便回来后制作一个剪贴簿。孩子也许喜欢写旅行日记，如果孩子太小还不会写字，可以由你把他们说的写下来。

旅行之后。出游能够激发出一些特别的兴趣。例如，在参观了一个糕点厂之后，孩子也许会急切地想要亲自烤制新式糕点。只要可能，就要把这种新兴趣与去图书馆查相关资料结合起来。

如果一次出游没有达到预期目标，也不要感到沮丧。一次旅行的失望，会由别的旅行来弥补。

要不断赞扬孩子

尽量不要过度批评刚开始写东西的孩子的作文。这种练习的目的在于让孩子建立起写作的信心。

本章所说的写作仅仅是一个开始。一定要记住，对于一个写作者，不管其年龄大小，都需要不断的鼓励和真诚的赞扬。

第 *17* 章

数学：再也没有借口

我宁愿读一个故事，也不愿看一串数字；我宁愿写一首诗，也不愿意记帐。我讨厌数字。我还记得自己对高中时数学的深深失败感，尽管我通过了数学考试。在上大学时，我一节数学课也没上。我很同情像我一样的人，我估计这样的人有很多。

前几天，我在一家商店买了一条打 8 折的连裤袜。打折后的价格没有标在包装上，也没有录入收银台的电脑中。所以，那个负责收银的小伙子（他告诉我，他是一个大学生）不得不自己算。那条连裤袜原价 2.5 美元。他算来算去，最后说我该付 2.75 美元。

最终，我教给了他应该怎么计算。我想，如果我当时告诉他应该是 1 美元，他也一定会接受。

我现在对与数字打交道已经得心应手了。实际上，这得益于我与孩子一起做的"数字意识"活动。本章里的很多活动就是这种活动。

这些活动是要帮助孩子能轻松地与数字打交道。即使有计算器和电脑帮助，我们仍然必须处理数字。

下面这个例子就能说明我说的"数字意识"的含义。这个例子看上去不像真的，但却是一件真事，类似的事情每天都在发生。一个 4 年级孩子的父亲在三个不同的宾馆各住了一夜，第一天晚上花了 70 美元，第二天晚上花了 65 美元，第三天晚上花了 60 美元。这位父亲让他的孩子估算总共花了多少钱，这个孩子马上说出了答案：2000 美元！

父亲问："你不觉得这个价钱对于住三个晚上来说太高了吗?"直到父亲与他一起把费用加在一起，他才明白了 200 美元和 2000 美元的区别。

家里的数学

本章的这些活动是为了让孩子在家里的日常环境中找找数字。

准备好一支笔、一个便笺本和一盒卷尺。

厨　房

炉子边的数学　■　任何年龄

对于任何年龄的孩子来说，厨房都是个学习数学的好地方。对于还不识字的孩子，可以让他们布置餐桌，并数餐具的数量；刚会识字的孩子可以数有多少种配料，并看食谱；已经上学的孩子用食谱做除法和乘法。

利用餐巾学分数　■　年龄：7~9 岁

折餐巾纸能让孩子对分数有个直观的了解。从对折成一半开始，然后折成 1/8，再折成 1/16。用记号笔把各部分标出来。

长长的收据　■　年龄：7~9 岁

将商店的收据与你买的东西核对一下。让孩子核对你们买的商品上的标价和收据上的价格。商店把东西给齐你们了吗？

家里有什么？　■　年龄：8~12岁

在去商店之前，让孩子帮你搞清楚需要买什么，要看看需要买的东西家里还有多少。

还有多少糖？都吃完了？还剩两磅？还有多少面包？1/4？还有多少牛奶？1/2加仑？还有多少鸡蛋？1/3打？你不需要实际去算或数。你们是在估计，是在谈"分数"。

食品标签上的数字　■　年龄：8~12岁

食品标签上面有许多数字。保质期到哪一天？重量是多少？各种成份含量百分比是多少？

让年龄大点的孩子读出标签上的天然品成分和添加成分。那些发音比较难的长单词通常是添加成分。你买的食品中有多少种添加成分？每种添加成分的量是多少？添加成分不一定不好，孩子只是需要知道买的是什么。

数学概念　■　年龄：8~12岁

谁吃了蛋糕？

这个活动需要那些能切开的食物，比如蛋糕、苹果、橙子。把这些东西切成能按原来的样子重新拼起来的几块。这里包含的概念是，整体可以分成几个部分，部分可以组合成一个整体——除非有人吃掉了一两块。

高的比矮的大吗？

找两个高矮不同、但容量相同的容器。可以是两个容量相同的量杯或咖啡杯。

给其中的一个容器加满水，然后把其中的水倒进另一个容器。小孩子很可能会猜高的容器比矮的能装更多的水。在到一定年龄（大约8岁左右）之前，孩子们一般都会说高容器比矮容器装的水更多——即便他们看着你把同样多的水倒进了两个容器中。著名的心理学家皮亚杰认为这是孩子缺乏操作性理解的缘故，学龄前的孩子通常不具备这种理解能力。

橙子能够变成苹果吗?

分别把一个橙子和一个苹果切成块。将切成块的橘子拼起来就可以组成一个完整的橘子。苹果也一样。但是，如果我们将两者的切块混搭起来，我们就不能拼成一个完整的橘子或苹果。

客厅/餐厅

聊聊有关数字的经历　■　任何年龄

我们对数字通常都会有一些难以忘怀的回忆。这是家人聊天的一个好话题——即使青春期的孩子也会感兴趣。

你能谈谈自己对分数的了解（或不了解）所带来的不同结果吗？你是否曾经因为认为 4/8 比 1/2 多而糟蹋了一个配方或毁掉了一桩交易？

你有过在饭店算不清每个人该分摊多少餐费、该给多少小费的经历吗？当你付账时，你有过没有付够应付的钱或者给的小费太多吗？

你是否同意数学有助于解决一些日常生活中的问题？跟孩子聊聊这个话题。可以说说自己运用数学知识解决了一个问题的经历。这种事情不需要是什么大事，可以是一张过期的交通违章罚单，也可以是一件商品的退款。

这种聊天有助于孩子更自如地与数学打交道。

报纸上的数字　■　年龄: 7~9 岁

打开报纸的几乎任何一页，你都会发现很多数字。开始时，可以让孩子在报纸上圈出看到的每一个数字。圈完一栏再圈另一栏，能避免孩子觉得永远也圈不完。然后，让孩子做复杂一点的：把那些大于 50 以上，或大于 100，或大于 1000 的数字圈出来。

让孩子在广告中找找那些以 99 分或 98 分为尾数的商品。让孩子通过估计练习这些数字的四舍五入，例如，每件衬衣 7.99元，4 件衬衣多少钱。或者，每斤土豆卖 0.89 元，5 斤土豆多少钱。

练习百分比　■　年龄：8~12 岁

让孩子在家里看看，算出屋里穿旅游鞋的人占的百分比。看看外面，数数小区里有多少辆汽车。算出其中黑色的车或白色的车占的百分比。算出一个广播节目或者电视节目中广告所用时间的百分比。

数学词汇　■　年龄：8~12 岁

在涉及大量数字时，孩子们会经常听到下面这些数学词汇。

众数：经常出现的数。

中位数：一列数中位于中间的数。

平均数：一些数字的平均。

值域：范围，数字从多少到多少。

孩子们要熟悉这些词，就要运用这些词，并听到别人运用。

当你们在餐馆等着上菜时，可以试试这个活动。让孩子看着菜单，然后就某一类菜的价格——比如冷菜——问孩子这样的问题：冷菜价格的值域是多少？价格的中位数是多少？价格的众数是多少？有些可以很快看出来，不用计算，而平均数通常需要用笔进行计算。

家人的年龄、体重和身高　■　年龄：8~12 岁

对于上面的四个数学词汇，还有个活动是搞清楚家人的年龄，或体重或身高。在一个年轻的家庭里，你会发现平均年龄可能只有十几岁，而在一个较老的家庭里，平均年龄则可能是四十多岁。

方向词　■　年龄：8~12岁

当你在告诉一个人如何从你们家走到学校时，你可能会说到"交叉"口"垂直"拐到与这条街"平行"的另一条街上，你用到的这些词在数学中都是很重要的。要帮助孩子对这些词熟悉起来，并鼓励他们在给别人指路时用上这些词。

体育、股票和数字　■　年龄：8~12岁

一些对上数学课发憷的孩子，经常很清楚运动员的投篮命中率，有的甚至能理解报纸上的财经版。

要利用这些兴趣来帮助孩子克服对数学课的抵触。可以问孩子这样一些问题：本赛季哪一支球队赢得的比赛最多？这场比赛中谁是得分最高的选手？他比其他人高多少？可以从报纸上找到这些问题的答案。

业余爱好中的数学

摄影　■　年龄：8~12岁

买照相机是一次不错的数学体验，而且不只要考虑照相机的价格，还要考虑洗照片的价格：洗一张照片要多少钱？在不同的照片冲洗店洗照片的价格一样吗？一家比另一家贵多少？

园艺　■　年龄：8~12岁

让孩子算算在一块 4 米长、4 米宽的地上种东西，如果每行间隔 5 分米，多少行合适？如果每行间隔 8 分米呢？如果每行间隔 16 分米呢？如果种子之间相隔 2 分米，你在每一行撒多少粒种子？一块 100 平方米的草坪需要施多少肥料？

问计算器　■　年龄：10~12岁

有些问题是需要计算器解决的，并且计算器还能让孩子喜欢

上数字并产生对估算和推测的兴奋感。我知道有人担心孩子一旦开始用计算器，就会懒得动脑。但是，你让孩子动脑子提出问题并了解得到答案所需的步骤，孩子就不会懒得动脑子了。

例如，你可以问孩子：你认为我们家的车今年总共要跑多少公里？要回答这个问题，需要先搞清楚一周或一个月跑了多少公里，再用乘法算出答案。关键是要让孩子说出来每一个计算步骤的目的。

你也可以问孩子一些别的问题：你认为我们家一年要吃多少打鸡蛋？我们一年要喝多少升牛奶？你一个星期要走多少步？一个月呢？一年呢？一个月有多少个小时或多少分钟？现在离圣诞节还有多少小时？提出这些问题几乎与得到问题的答案同样有趣。

> **迟到多久？**
>
> 当我们等人赴约时，如果对方没有按时到，我们会毫无办法。但是，我们可以花些时间算算对方迟到了多长时间。看看你的表。迟到了多少分钟或小时？是一个小时、一天、一个星期和一年的几分之几或者百分之几？
>
> 这个数学练习能让我们更容易打发时间。当然，当对方出现时，不要跟他说这个。

浴　　室

称称我的体重 ■ 年龄：5~9岁

把浴室里的体重秤拿出来。先让孩子猜猜各种东西的重量，包括孩子自己的体重。把各种东西称一称重量，比如废纸篓、刚换下来的衣服、一满杯水。

重量观察 ■ 年龄：8~12岁

这个活动能让孩子有一个快乐的数学体验。在一个星期之内，让孩子每天记录一个家人的体重。你的孩子能知道家里谁最重、谁最轻吗？

家里有一个人的体重是另一个人的两倍吗？假设你的体重是130 斤，并且在接下来的两个月里增加 5%，你的体重将会是多少？这都是一些引人入胜并能让孩子练习数学的有趣问题。

贴瓷砖　■　任何年龄

浴室通常会贴上瓷砖。总共有多少块瓷砖？每块有多宽、多长？可以从数多少块开始，然后，你甚至可以让孩子通过将块数和每块瓷砖的尺寸相乘，算出瓷砖覆盖的面积。

卧　　室

衣服的成分　■　年龄：8~12 岁

我们的衣服是由什么制成的？现在的布料基本上都是由几种材料做成的。让孩子仔细看看衣服上的标签，告诉你各种成分的百分比。

看时钟　■　年龄：7~9 岁

让孩子练习估算时间：爸爸或妈妈还要多长时间才能到家？我们需要多少时间为这次旅行做准备？到学校要花多少时间？

家里的分数　■　年龄：8~12 岁

让孩子想想他们认识的人的年龄。弟弟比你小几分之几，爸爸比你大几分之几？如果你 12 岁，妈妈 48 岁，你的年龄是妈妈的几分之几？让孩子再算算自己的年龄是其他人的几分之几。

满足特殊的学习需要

下面这些活动能利用不同的学习方式，让孩子学习数学。

存　钱　■ 年龄：7~9岁

这个活动可以帮助孩子存钱，增加他们对银行的了解。你需要准备银行需要的一些东西，比如存折、银行手册、存款单和结算表。

首先，你要获得银行的一些服务信息，看看哪家银行最方便，哪家银行欢迎孩子成为其客户，还要问问手续费是多少，利息是多少。

看

视觉分辨。向孩子指出并读出银行资料上的银行名称。让孩子在存款单上找出银行的名称。

向孩子指出存款单上的账号，以及该在哪里填上储户的姓名。然后，让孩子自己看看存款单并找出这两项的位置。

视觉记忆。让孩子看看存款单上的账号，然后把存款单翻过来，让孩子把账号复述出来。

把帐号写在一张纸上，再在另外两张纸上分别写下两串数字，向孩子指出哪一张纸上是账号。然后，把三张纸混在一起，让孩子从中选出有账号的那一张。

听

听觉分辨。将开户银行的名称告诉孩子。孩子要仔细听并复述出来。

说出你们的开户银行和另外几家银行的名称。让孩子仔细听，并在听到开户银行的名称时打手势告知你。

听觉记忆。看一下银行存折，并说出存折上的开户日期。让孩子认真听，并复述出这个日期。

给孩子说三个存款日期，让孩子按照你说的顺序复述出来。

告诉孩子存款的金额以及最近一次存款的日期，让孩子听完之后复述出来。

做

眼-手协调。孩子要存钱，就要把钱先存在一个地方，比如存钱罐里。在去银行之前，要数清楚有多少钱，并整理好。然后，再存进银行。

注意，孩子在这个过程中就练习了看，练习了听。对不同的事情，我们都需要运用不同的学习方式。要想出能调动孩子各种感官的新方式来帮助孩子学习。

不要等待机器人

现在，计算机越来越普及了，我们要了解计算机的用途，也要知道它的不足。最近，一个人工智能专家说，一台计算机要"学会"微积分，远比学会搭积木更容易。

搭积木的几百个步骤，是孩子们通过观察大人怎么搭就能了解并学会的。计算机的能力就很有限了。在某些方面，经过对电脑编程，计算机的效率可以比人高很多。但是，在几乎有无限多种选择、无法程序化的日常选择中，计算机就无能为力了。

例如，管理一个家远比为一个工厂制定工作流程困难得多。设计出家用机器人远比设计工厂机器人复杂得多。因为家里会有很多事情同时需要处理。

数学看起来冷冰冰的，并且需要计算，但是，它也充满着感情，有时甚至是焦虑。没有一个机器人可以取代教师或父母的地位。什么样的机器人可以给孩子讲一个"特价商品"被证明是"次品"的有趣故事呢？即使在数学领域，人的因素也起着关键的作用。这就是为什么让孩子喜欢上数学如此重要的原因。

附录 A

向自己提出重要的问题

看着我。当然，我们永远不能明白这句话的所有含义。照相机也帮不了忙，这捕捉到的只是某个时间段的一个瞬间。我们和孩子身上所发生的通常是一个持续、神秘的过程。

我们要努力了解这个神秘过程。我已经为家长们设计出了一系列深思熟虑的问题。他们要利用"大能力"让自己的思想活跃起来。"大能力"可以让人获得许多重要的个人情感。

目的是为了帮助我们了解孩子以及我们自己，即使日子在忙忙碌碌中流逝。这些问题其实并不是问题：这们在用各种方式说"看!"

让我们从本书的十二种"大能力"开始。问一问自己，对你来说，什么是最重要的东西。在你选择的那项后面填入对号（√）。

信　　心＿＿＿＿	动　　力＿＿＿＿
责 任 心＿＿＿＿	努　　力＿＿＿＿
首创精神＿＿＿＿	坚持不懈＿＿＿＿
关　　爱＿＿＿＿	团队协作＿＿＿＿
常　　识＿＿＿＿	解决问题＿＿＿＿
专　　注＿＿＿＿	尊　　重＿＿＿＿

你可能还要加上与创造力有关的其他特点，例如：

好奇心

独　立

直　觉

勇　气

想想你为什么选择这些"大能力"，不要担心你自己是否具备这些"大能力"。并非所有的"大能力"都是一样地在我们的生活中都有同样重要的地位。根据你自己的判断，从中选出你认为的更加重要的能力。然后问："为什么这些对我来说是重要的？我有与之相关的亲身体验或者特殊的记忆吗？"

你相信自己真正具有哪些"大能力"？利用上边的清单，在那些你认为自己具有的"大能力"的旁边标上"X"。不要谦虚，要诚实。没人指望你具有所有这些素质。

你相信孩子具有或者正在获得哪些"大能力"？利用上面的清单，在你孩子具有的那些素质的旁边标上"O"，要诚实，不要吝啬你的评价。获得"大能力"是一项终身的任务。一定要记得告诉孩子，你相信他们具有哪些"大能力"。问一问年龄大点的孩子，他们是否同意你的看法，如果不同意，让他说出理由。

如果你是一个教师，你要写成绩单。你怎么给孩子写他们的成绩单？

> 他有积极性，因为＿＿＿＿＿＿
>
> 当＿＿＿＿＿＿时，她表现出首创精神
>
> 当＿＿＿＿＿＿时，他感到自信
>
> 当＿＿＿＿＿＿时，他表现出坚持不懈精神

以此为例，把你对孩子的评价统统写出来。

想一想：对于不同年龄段的孩子来说，"大能力"分别意味着什么？例如，3 岁时、6 岁时、10 岁时、15 岁时、30 岁时，责任感分别意味着什么？

你们正教给孩子哪些"大能力"？如何教？"大能力"就在我

们的身边，在我们日常生活中，在与家人共享的闲暇时光中。正是这样的时光，容易让人忽视。而这些正是本书所重视的，也是你可以利用它来教孩子学会"大能力"的时刻，意思也就是说你们要关注现在。没有任何东西像这这么重要以至于这是无法以"教"的方式给孩子——不论是全部还是一部分。

问自己："我……"

如果你给出下列问题的答案是"是"，请说出一个例子来证明你的答案，在这个问题上你是怎么做的；如果答案是"不是"，想想你能够做些什么让答案变成"是"。

> **"情绪能力"**
> 教育家反映，在教室里教"大能力"时，孩子之间的打斗现象减少了。这听起来让人奇怪，但却是合乎情理的：当孩子练习着讨论问题、处理冲突时，他们就不需要通过打架来解决问题，有别的、更好的处理方式。此外，孩子在学校里会更少犯纪律问题，在家里他们的自我约束意识也大大增强了。

■ 我是否努力为孩子设定可以达到的标准和目标，以便他们有很大的成功机会吗？我的孩子知道这些是什么吗？

■ 我是否让孩子尽可能地让他们自己作决定，以便他们能够根据自己决定来做事，并最终判断这个决定的对错？

■ 我是否通过让我的孩子做某些事情来鼓励他们学会承担责任吗？

■ 我是否给我的孩子提供许多不同的机会，从而让他们在家中发挥领导作用吗？

■ 我是否明确地向孩子肯定他们所完成得很好的事情及其付出的努力吗？

■ 我是否允许孩子表达自己的意见吗？我倾听他们所说的话吗？

■ 我是否努力让自己去关注孩子的优点，而不是他们的缺点吗？

■ 我是否努力尊重孩子年修改，不过分要求他们吗？

■ 我是否承认，孩子，就像我们所有人一样，都会经历高潮和低谷的阶段？我是否接受孩子以及自己会经历这样的阶段的事实吗？

孩子的未来

你认为，哪一种或哪几种"大能力"是孩子一生当中十分重要的？为什么？孩子终将长大成人，对此，你会有什么想法？

■ 你设想过孩子长大后会成为怎样的一个人？你认为孩子长大后还将具备哪些现在所具有的优点？你认为或希望他们具有的优点应该有哪些？

> 我们所有人也包括孩子需要觉得自己能够把一些重要的、必要的事情做好。这不仅仅为我们自己，也为我们的后代。孩子需要对自己的重要性有一种洞察力——不是自负或者自大，而是具有一种自己重要、自己所做的事情也重要的强烈感觉，因为这个确实很重要。

■ 孩子设想过自己将来是什么样子吗？如果设想过，他们意识到怎样才能实现它吗？当孩子梦想自己将来美丽、富裕、成功时，他们必须知道怎么样才能把这变成现实。你如何帮助他们弄明白这些道理？

经常有人说："不要担心，在遥远的未来，这会变得不重要的。"当我听到身边的人说这句话时，我通常会说："等着吧，那可能是错误的。"

尽管我们今天所做、所想的每一件事不是件件都对将来很重要，但我们如何看待自己、如何做好自己则是十分重要的。

附录 B

看到在孩子们身上
起作用的"大能力"

在一生当中，我们都要不断地去学习"大能力"，下面这个"大能力"成绩单表格有助于我们了解孩子在这方面学习的进度。

让孩子跟你一起做事情。先由他们做，你来观察；然后换你来做，他们来观察。多制作几张这样的表格，以便你们持续地进行观察。

"大能力"成绩单			
"大能力"	经常观察	有时观察	需要练习
信心——为他/她自己的成就而感到自豪，了解自身的优点和需要改进的地方，避免贬低他人。			
积极性——用积极的态度来处理事情，表现出想要学习更多的东西、做更多的事情。			

接上表

努力——做好了管理时间和任务的准备并具有相应能力,始终如一地、仔细地完成家庭作业。			
责任心——表现出使自己和事情井井有条的能力,记得带上需要的东西、做需要做的事情来完成任务。			
首创精神——想出办法,发挥领导作用,知道必须做什么事情以及如何去做。			
毅力——表现出坚持完成一件事情或者一个项目的能力。			
关爱——表现出对别人的友好并赞扬别人,表现出体贴,乐于分享,帮助别人。			
团队协作——在团体中与别人协作,建设性地接受反馈意见和批评。			
常识——知道如何安全地做事情,预见到个人行为和态度将带来的后果。			
解决问题——表现出处理新情况的能力和渴望,找出解决问题的多种创造性的方法。			

专注——表现出设定个人目标和想出完成任务的办法的能力，朝着一个方向前进，避免分散注意力从而实现目标、完成任务。			
尊重——表现出自尊、对他人的友好和宽容，显示出抵制来自同龄人和媒体的破坏性的、无礼的压力的能力。			

附录 C

"大能力" 的衡量标准：

家长小测验

作为家长，我们在评价自己方面很严格。我很少听到家长说："我是一个十足的好家长。"当然，我们不可能做对每一件事情。但是，一定有某些我们做对了的事情，无论是谁。

这一"大能力"衡量标准的重点是家长的"大能力"，这与重要的特质无关，例如耐心、尊重、爱、信任，而更多地与我所说的"大能力"时刻有关。这些时刻是家长和孩子相处在一起的某些特别的平常时刻。在填写你的答案时，要记住这一点。

关键是要发现自己是好家长。

也许，我们并非一直都是好家长，但是，我们也并非一直都是坏家长。这个"衡量标准"有助于我们觉得自己更像一个好家长。

上周。回想上个星期的事情。你要问自己："对于表格里列出的这些事项，我跟孩子一起做了几次？"或许你们每天在一起吃顿饭，一起在晚上阅读，一起去散步；或许你定期只做了其中的一件，但其他的一件也没做一次。注意：每一件事情都做是不可能的。

　　如果孩子在 4~7 岁之间，你只要做从 a 到 p 的这些道题，而剩下来的，可做可不做；如果孩子在 8~12 岁之间，要把表格里的全部题目都做完。记住，如果你在"多于一次"的下方打上"√"，就要在"一次"的下方打上"×"。

上周 I：	一次	多于一次
a．拥抱了我的孩子。		
b．　与孩子一起散步。		
c．　与孩子一起欢笑。		
d．　念书给孩子听。		
e．　每天至少跟孩子一起吃一顿饭。		
f．　问孩子当天发生了什么事情。		
g.　当孩子正在一个人学习、做一件事或者玩游戏时，我不去打搅他/她。		
h.　让孩子拥抱我。		
i.　把我一天的经历告诉孩子。		
j.　同孩子一起观看一个电视节目。		
k.　告诉孩子我爱他/她。		

接上表

l. 与孩子聊聊他/她的朋友。		
m. 与家里同孩子一起安静地玩游戏。		
n. 同孩子一起参加激烈的户外体育活动。		
o. 控制/监管孩子看电视。		
p. 表扬和鼓励孩子。		
q. 与孩子聊聊家庭作业。		
r. 一起聊聊新闻。		
s. 同孩子一起做一些家务。		
t. 同孩子念书给我听。		
u. 与我的孩子一起做饭。		
其他：你可以在此处添加一或两个未被列出的活动，但这些活动是你推崇的。		

　　上个月：回想上个月发生的事情。你要问自己："我同孩子一起或者代表孩子做了几次下面列出事情？"

　　如果孩子在 4~7 岁之间，你只要做从 a 到 f 的这些道题，而剩下来的，可做可不做；如果孩子在 8~12 岁之间，要把表格里的全部题目都做完。记住，如果你在"多于一次"的下方打上"√"，就要在"一次"的下方打上"×"。

上个月 I:	一次	多于一次
a. 鼓励孩子带朋友到家里来。		
b. 花时间与孩子一起从事一项业余爱好或在几天之内开展一个特殊项目。		
c. 听孩子解释自己不同与我的观点。		
d. 把我自己的童年经历告诉孩子。		
e. 带孩子去购物……事情进行得很顺利。		
f. 带孩子参观教堂、图书馆、博物馆或者动物园。		
g. 同孩子一起观看一场戏剧演出、音乐会、电影或者其他娱乐演出。		
h. 做孩子劝我做的、证明是一件好事的事情。		
i. 跟孩子一起参加一项体育活动。		
j. 为孩子独自一次短途旅行或者完成一项任务作出安排。		
k. 参加我的孩子所参加的俱乐部、青年团体（例如童子军）的召开的一次会议。		
l. 跟孩子谈谈未来以及想干的工作和教育计划。		
m. 跟孩子一起阅读一篇报纸或杂志文章，并聊聊读后感。其他:		

学年：回想上一个学年或者上一个学期的事情。你要问自己："我同孩子一起或者代表孩子做了几次下面列出事情?"（如果孩子还没上学，不用做这个部分）

上一个学年 I：	一次	多于一次
a. 去学校参加家长会，谈谈孩子的进步及其对他们的计划。		
b. 参加家长教师协会活动或者其他类似的学校组织的会议。		
c. 观看学校举办的戏剧演出/音乐会、一项体育赛事或者其他类似的活动。		
d. 在学校举办的一个活动中担任志愿者或监督人。		
e. 跟一位老师进行交流。		
f. 为了学校的利益或因为孩子教育而与其他家长或者一个社区组织进行接触。		
其他：		

记在心里……

这个小测验的目的是找出所有你做得对的事情并对自己进行奖赏。每个家庭都有自己的、正确地做事情的方式。在一年当中，要不断往"其他"一行里添加新的内容，增加活动名称。这个小测验里举的例子以及活动，主要起了一个启发性的作用，其目的是让你不断想出自己做得对的更多的事情，并奖赏自己。

你或许想跟孩子一起完成这个小测验。问问他们，他们如何评论你的选择。这样的互动方式，非常有益而且会很精彩。

《孩子，把你的手给我》

与孩子实现真正有效沟通的方法

畅销美国 500 多万册的教子经典，以 31 种语言畅销全世界
彻底改变父母与孩子沟通方式的巨著

本书自 2004 年 9 月由京华出版社自美国引进以来，仅依靠父母和老师的口口相传，就一直高居当当网、卓越网的排行榜。

吉诺特先生是心理学博士、临床心理学家、儿童心理学家、儿科医生；纽约大学研究生院兼职心理学教授、艾德尔菲大学博士后。吉诺特博士的一生并不长，他将其短短的一生致力于儿童心理的研究以及对父母和教师的教育。

父母和孩子之间充满了无休止的小麻烦、阶段性的冲突，以及突如其来的危机……我们相信，只有心理不正常的父母才会做出伤害孩子的反应。但是，不幸的是，即使是那些爱孩子的、为了孩子好的父母也会责备、羞辱、谴责、嘲笑、威胁、收买、惩罚孩子，给孩子定性，或者对孩子唠叨说教……当父母遇到需要具体方法解决具体问题时，那些陈词滥调，像"给孩子更多的爱"、"给她更多关注"或者"给他更多时间"是毫无帮助的。

多年来，我们一直在与父母和孩子打交道，有时是个人的形式，有时是以指导小组的形式，有时以养育讲习班的形式。这本书就是这些经验的结晶。这是一个实用的指南，给所有面临日常状况和精神难题的父母提供具体的建议和可取的解决方法。

——摘自《孩子，把你的手给我》一书的"引言"

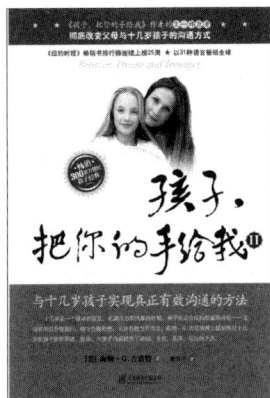

[美] 海姆·G·吉诺特　著
北京联合出版公司
定价：32.00 元

《孩子，把你的手给我（Ⅱ）》

与十几岁孩子实现真正有效沟通的方法

《孩子，把你的手给我》作者的又一部巨著
彻底改变父母与十几岁孩子的沟通方式

本书是海姆·G·吉诺特博士的又一部经典著作，连续高踞《纽约时报》畅销书排行榜 25 周，并被翻译成 31 种语言畅销全球，是父母与十几岁孩子实现真正有效沟通的圣经。

十几岁是一个骚动而混乱、充满压力和风暴的时期，孩子注定会反抗权威和习俗——父母的帮助会被怨恨，指导会被拒绝，关注会被当做攻击。海姆·G·吉诺特博士就如何对十几岁的孩子提供帮助、指导、与孩子沟通提供了详细、有效、具体、可行的方法。

[美] 海姆·G·吉诺特　著
张雪兰　译
北京联合出版公司
定价：26.00 元

《孩子，把你的手给我（Ⅲ）》

老师与学生实现真正有效沟通的方法

《孩子，把你的手给我》作者最后一部经典巨著
以 31 种语言畅销全球
彻底改变老师与学生的沟通方式
美国父母和教师协会推荐读物

　　本书是海姆·G·吉诺特博士的最后一部经典著作，彻底改变了老师与学生的沟通方式，是美国父母和教师协会推荐给全美教师和父母的读物。

　　老师如何与学生沟通，具有决定性的重要意义。老师们需要具体的技巧，以便有效而人性化地处理教学中随时都会出现的事情——令人烦恼的小事、日常的冲突和突然的危机。在出现问题时，理论是没有用的，有用的只有技巧，如何获得这些技巧来改善教学状况和课堂生活就是本书的主要内容。

　　书中所讲述的沟通技巧，不仅适用于老师与学生、家长与孩子之间的交流，而且也可以灵活运用于所有的人际交往中，是一种普遍适用的沟通技巧。

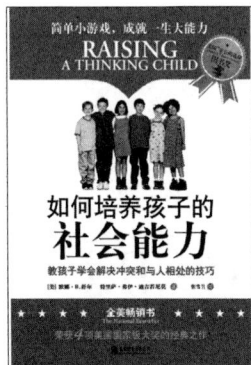

[美] 海姆·G·吉诺特　著
张雪兰　译
北京联合出版公司
定价：35.00 元

《如何培养孩子的社会能力》

教孩子学会解决冲突和与人相处的技巧

简单小游戏　成就一生大能力
美国全国畅销书（The National Bestseller）
荣获四项美国国家级大奖的经典之作
美国"家长的选择（Parents'Choice Award)"图书奖

　　社会能力就是孩子解决冲突和与人相处的能力，人是社会动物，没有社会能力的孩子很难取得成功。舒尔博士提出的"我能解决问题"法，以教给孩子解决冲突和与人相处的思考技巧为核心，在长达 30 多年的时间里，在全美各地以及许多其他国家，让家长和孩子们获益匪浅。与其他的养育办法不同，"我能解决问题"法不是由家长或老师告诉孩子怎么想或者怎么做，而是通过对话、游戏和活动等独特的方式教给孩子自己学会怎样解决问题，如何处理与朋友、老师和家人之间的日常冲突，以及寻找各种解决办法并考虑后果，并且能够理解别人的感受。让孩子学会与人和谐相处，成长为一个社会能力强、充满自信的人。

　　默娜·B.舒尔博士，儿童发展心理学家，美国亚拉尼大学心理学教授。她为家长和老师们设计的一套"我能解决问题"训练计划，以及她和乔治·斯派维克（George Spivack）一起所做出的开创性研究，荣获了一项美国心理健康协会大奖、三项美国心理学协会大奖。

[美] 默娜·B. 舒尔
特里萨·弗伊·
迪吉若尼莫　著
张雪兰　译
北京联合出版公司
定价：30.00 元

《如何培养孩子的社会能力（II）》

教 8 ~ 12 岁孩子学会解决冲突和与人相处的技巧

全美畅销书《如何培养孩子的社会能力》作者的又一部力作！
让怯懦、内向的孩子变得勇敢、开朗！
让脾气大、攻击性强的孩子变得平和、可亲！
培养一个快乐、自信、社会适应能力强、情商高的孩子

8 ~ 12 岁，是孩子进入青春期反叛之前的一个重要时期，是孩子身体、行为、情感和社会能力发展的一个重要分水岭。同时，这也是父母的一个极好的契机——教会孩子自己做出正确决定，自己解决与同龄人、老师、父母的冲突，培养一个快乐、自信、社会适应能力强、情商高的孩子——以便孩子把精力更多地集中在学习上，为他们期待而又担心的中学生活做好准备。

本书详细、具体地介绍了将"我能解决问题"法运用于 8 ~ 12 岁孩子的方法和效果。

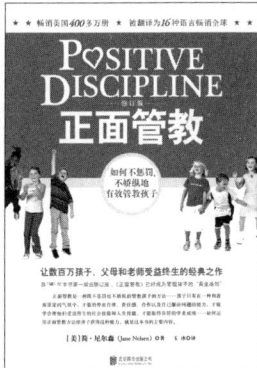

[美] 默娜·B. 舒尔 著
刘荣杰 译
北京联合出版公司
定价：35.00 元

《正面管教》

如何不惩罚、不娇纵地有效管教孩子

畅销美国 400 多万册　被翻译为 16 种语言畅销全球

自 1981 年本书第一版出版以来，《正面管教》已经成为管教孩子的"黄金准则"。正面管教是一种既不惩罚也不娇纵的管教方法……孩子只有在一种和善而坚定的气氛中，才能培养出自律、责任感、合作以及自己解决问题的能力，才能学会使他们受益终生的社会技能和人生技能，才能取得良好的学业成绩……如何运用正面管教方法使孩子获得这种能力，就是这本书的主要内容。

简·尼尔森，教育学博士，杰出的心理学家、教育家，加利福尼亚婚姻和家庭执业心理治疗师，美国"正面管教协会"的创始人。曾经担任过 10 年的有关儿童发展的小学、大学心理咨询教师，是众多育儿及养育杂志的顾问。

本书根据英文原版的第三次修订版翻译，该版首印数为 70 多万册。

[美] 简·尼尔森 著
玉冰 译
北京联合出版公司
定价：38.00 元

《正面管教 A–Z》

日常养育难题的 1001 个解决方案

家庭教育畅销书《正面管教》作者力作
以实例讲解不惩罚、不娇纵管教孩子的"黄金准则"

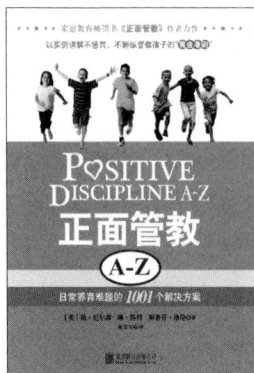

无论你多么爱自己的孩子，在日常养育中，都会有一些让你愤怒、沮丧的时刻，也会有让你绝望的时候。

你是怎么做的？

本书译自英文原版的第 3 版（2007 年出版），包括了最新的信息。你会从中找到不惩罚、不娇纵地解决各种日常养育挑战的实用办法。主题目录，按照 A–Z 的汉语拼音顺序排列，方便查找。你可以迅速找到自己面临的问题，挑出来阅读；也可以通读整本书，为将来可能遇到的问题及其预防做好准备。每个养育难题，都包括 6 步详细的指导：理解你的孩子、你自己和情形，建议，预防问题的出现，孩子们能够学到的生活技能，养育要点，开阔思路。

[美] 简·尼尔森 琳·洛特
斯蒂芬·格伦 著
花莹莹 译
北京联合出版公司
定价：45.00 元

《0～3 岁孩子的正面管教》

养育 0～3 岁孩子的"黄金准则"

家庭教育畅销书《正面管教》作者力作

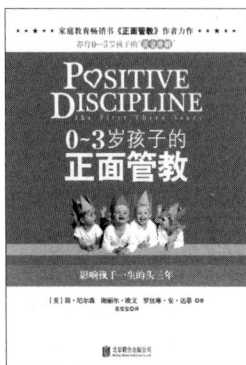

从出生到 3 岁，是对孩子的一生具有极其重要影响的 3 年，是孩子的身体、大脑、情感发育和发展的一个至关重要的阶段，也是会让父母们感到疑惑、劳神费力、充满挑战，甚至艰难的一段时期。

正面管教是一种有效而充满关爱、支持的养育方式，自 1981 年问世以来，已经成为了养育孩子的"黄金准则"，其理论、理念和方法在全世界各地都被越来越多的父母和老师们接受，受到了越来越多父母和老师们的欢迎。

本书全面、详细地介绍了 0～3 岁孩子的身体、大脑、情感发育和发展的特点，以及如何将正面管教的理念和工具应用于 0～3 岁孩子的养育中。它将给你提供一种有效而充满关爱、支持的方式，指导你和孩子一起度过这忙碌而令人兴奋的三年。

无论你是一位父母、幼儿园老师，还是一位照料孩子的人，本书都会使你和孩子受益终生。

[美] 简·尼尔森
谢丽尔·欧文
罗丝琳·安·达菲 著
花莹莹 译
北京联合出版公司
定价：42.00 元

《3~6岁孩子的正面管教》

养育 3~6 岁孩子的"黄金准则"

家庭教育畅销书《正面管教》作者力作

3~6 岁的孩子是迷人、可爱的小人儿。他们能分享想法、显示出好奇心、运用崭露头角的幽默感、建立自己的人际关系，并向他们身边的人敞开喜爱和快乐的怀抱。他们还会固执、违抗、令人困惑并让人毫无办法。

正面管教会教给你提供有效而关爱的方式，来指导你的孩子度过这忙碌并且充满挑战的几年。

无论你是一位父母、一位老师或一位照料孩子的人，你都能从本书中发现那些你能真正运用，并且能帮助你给予孩子最好的人生起点的理念和技巧。

[美] 简·尼尔森
　　谢丽尔·欧文
　　罗丝琳·安·达菲　著
娟子　译
北京联合出版公司
定价：42.00 元

《十几岁孩子的正面管教》

教给十几岁的孩子人生技能

家庭教育畅销书《正面管教》作者力作
养育十几岁孩子的"黄金准则"

度过十几岁的阶段，对你和你的青春期的孩子来说，可能会像经过一个"战区"。青春期是成长中的一个重要过程。在这个阶段，十几岁的孩子会努力探究自己是谁，并要独立于父母。你的责任，是让自己十几岁的孩子为人生做好准备。

问题是，大多数父母在这个阶段对孩子采用的养育方法，使得情况不是更好，而是更糟了……

本书将帮助你在一种肯定你自己的价值、肯定孩子价值的相互尊重的环境中，教育、支持你的十几岁的孩子，并接受这个过程中的挑战，帮助你的十几岁孩子最大限度地成为具有高度适应能力的成年人。

[美] 简·尼尔森
　　琳·洛特　著
尹莉莉　译
北京联合出版公司出版
定价：35.00 元

《正面管教养育工具》

赋予孩子力量、培养孩子能力的 49 种有效方法

家庭教育畅销书《正面管教》作者力作
不惩罚、不娇纵养育孩子的有效工具

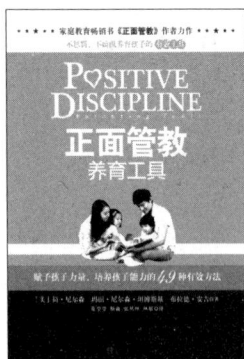

正面管教是一种不惩罚、不娇纵的管教孩子的方式，是为了培养孩子们的自律、责任感、合作能力，以及自己解决问题的能力，让他们学会受益终生的社会技能和人生技能，并取得良好的学业成绩。

1981 年，简·尼尔森博士出版《正面管教》一书，使正面管教的理念逐渐为越来越多的人接受并奉行。如今，正面管教已经成了管教孩子的"黄金准则"。其理念和方法已经传播到将近 70 个国家和地区，包括美国、英国、冰岛、荷兰、德国、瑞士、法国、摩洛哥、西班牙、墨西哥、厄瓜多尔、哥伦比亚、秘鲁、智利、巴西、加拿大、中国、埃及、韩国。由简·尼尔森博士作为创始人的"正面管教协会"，如今已经有了法国分会和中国分会。

本书对经过多年实际检验的 49 个最有效的正面管教养育工具作了详细介绍。

[美] 简·尼尔森
　　　玛丽·尼尔森·坦博斯基
　　　布拉德·安吉 著
花莹莹 杨森 张丛林 林展 译
北京联合出版公司出版
定价：42.00 元

《正面管教教师指南 A–Z》

教室里行为问题的 1001 个解决方案

家庭教育畅销书《正面管教》作者力作
以实例讲解造就理想班级氛围的"黄金准则"

本书包括两个部分：

第一部分，介绍的是正面管教的基本原理和基本方法，包括鼓励、错误目的、奖励和惩罚、和善而坚定、社会责任感、分派班级事务、积极的暂停、特别时光、班会，等等。

第二部分，是教室里常见的各种行为问题及其处理方法，按照 A–Z 的汉语拼音顺序排列，以方便查找。你可以迅速找到自己面临的问题，有针对性地阅读，立即解决自己的难题；也可以通读本书，为将来可能遇到的问题及其预防做好准备。

每个行为问题及其解决，基本都包括 5 个部分：

● 讨论。就一个具体行为问题出现的情形及原因进行讨论。

● 建议。依据正面管教的理论和原则，给出解决问题的建议。

● 提前计划，预防未来的问题。着眼于如何预防问题的发生。

● 用班会解决问题。老师和学生们用班会解决相应问题的真实故事。

● 激发灵感的故事。老师和学生们用正面管教工具解决相关问题的真实故事。

[美] 简·尼尔森
　　　琳达·埃斯科巴
　　　凯特·奥托兰
　　　罗丝琳·安·达菲
　　　黛博拉·欧文－索科奇 著
郑淑丽 译
北京联合出版公司出版
定价：55.00 元

《教室里的正面管教》

培养孩子们学习的勇气、激情和人生技能

家庭教育畅销书《正面管教》作者力作
造就理想班级氛围的"黄金准则"
本书入选中国教育新闻网、中国教师报联合推荐
2014年度"影响教师100本书"TOP10

很多人认为学校的目的就是学习功课，而各种纪律规定应该以学生取得优异的学习成绩为目的。因此，老师们普遍实行的是以奖励和惩罚为基础的管教方法，其目的是为了控制学生。然而，研究表明，除非教给孩子们社会和情感技能，否则他们学习起来会很艰难，并且纪律问题会越来越多。

正面管教是一种不同的方式，它把重点放在创建一个相互尊重和支持的班集体，激发学生们的内在动力去追求学业和社会的成功，使教室成为一个培育人、愉悦和快乐的学习和成长的场所。

这是一种经过数十年实践检验，使全世界数以百万计的教师和学生受益的黄金准则。

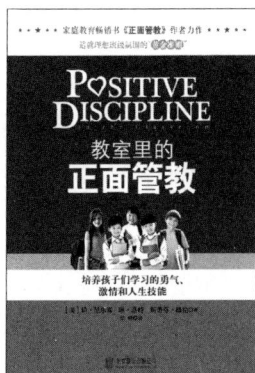

[美] 简·尼尔森 琳·洛特
斯蒂芬·格伦 著
梁帅 译
北京联合出版公司出版
定价：30.00 元

《正面管教教师工具》

造就理想班级氛围的有效工具
让学生掌握社会——情感技能、
取得学业成功的 44 种有效方法

家庭教育畅销书《正面管教》作者力作

如何处理学生的不良行为，是教师们经常会遇到的一个巨大挑战。他们通常的做法是惩罚不良行为，奖励好行为。然而，研究表明，无论惩罚还是奖励，都会降低学生的内在动力、合作精神、自控力，以及独立解决问题的能力。

在本书中，作者将以阿德勒心理学为基础的正面管教方法，具体化为教师们在日常教学中可以实际应用的 44 个工具，每个工具都有具体的说明和世界各地的教师运用该工具解决问题的实例，以及心理学和各种研究的依据。帮助老师们不惩罚、不娇纵地有效管教班级，解决班级管理中遇到的各种令人头疼的问题，最终培养出孩子们的自律、责任感、合作以及自己解决问题的能力，并取得学业的成功。

[美] 简·尼尔森
凯莉·格夫洛埃尔 著
胡海霞 胡美艳 译
北京联合出版公司出版
定价：45.00 元

《单亲家庭的正面管教》

让单亲家庭的孩子健康、快乐、茁壮成长

家庭教育畅销书《正面管教》作者力作
单亲父母养育孩子的"黄金准则"

单亲家庭不是"破碎的家庭",单亲家庭的孩子也不是注定会失败和令人失望的,有了努力、爱和正面管教养育技能,单亲父母们就能够把自己的孩子培养成有能力的、满足的、成功的人,让单亲家庭成为平静、安全、充满爱的家,而单亲父母自己也会成为一位更健康、平静的父母——以及一个更快乐的人。

《单亲家庭的正面管教》是家庭教育畅销书《正面管教》作者简·尼尔森的又一力作。自从《正面管教》于1981年出版以来,正面管教理念已经成为养育孩子的"黄金准则",让全球数以百万计的父母、孩子、老师获益。

《单亲家庭的正面管教》是简·尼尔森博士与另外两位作者详细介绍如何将正面管教的理念和工具用于单亲家庭的一部杰作。

[美] 简·尼尔森 谢丽尔·欧文
卡萝尔·德尔泽尔 著
杨森 张丛林 林展 译
北京联合出版公司
定价:37.00元

《特殊需求孩子的正面管教》

帮助孩子学会有价值的社会和人生技能

家庭教育畅销书《正面管教》作者力作

每一个孩子都应该有一个幸福而充实的人生。特殊需求的孩子们有能力积极成长和改变。

运用正面管教的理念和工具,特殊需求的孩子们就能够培养出一种越来越强的能力,为自己的人生承担起责任。在这个过程中,他们会与自己的家里、学校里和群体里的重要的人建立起深入的、令人满意的、合作的关系,从而实现自己的潜能。

[美] 简·尼尔森 史蒂文·福斯特
艾琳·拉斐尔 著
甄颖 译
北京联合出版公司
定价:32.00元

《如何读懂孩子的行为》

理解并解决孩子各种行为问题的方法

孩子为什么不好好吃、不好好睡？为什么尿床、随地大便？为什么说脏话？为什么撒谎、偷东西、欺负人？为什么不学习？……这些行为，都是孩子在以一种特殊的方式与父母沟通。

当孩子遇到问题时，他们的表达方式十分有限，往往用行为作为与大人沟通的一种方式……如何读懂孩子这些看似异常行为背后真实的感受和需求，如何解决孩子的这些问题，以及何时应该寻求专业帮助，就是本书的主要内容。

安吉拉·克利福德–波斯顿（Andrea Clifford-Poston），教育心理治疗师、儿童和家庭心理健康专家，在学校、医院和心理诊所与孩子和父母们打交道30多年；她曾在查林十字医院（Charing Cross Hospital，建立于1818年）的儿童发展中心担任过16年的主任教师，在罗汉普顿学院（Roehampton Institute）担任过多年音乐疗法的客座讲师，她还是《泰晤士报》"父母论坛"的长期客座专家，为众多儿童养育畅销杂志撰写专栏和文章，包括为"幼儿园世界（Nursery World）"撰写了4年专栏。

[美] 安吉拉·克利福德–波斯顿 著
王俊兰 译
北京联合出版公司
定价：32.00 元

《帮助你的孩子爱上阅读》

0 ~ 16 岁亲子阅读指导手册

没有阅读的童年是贫乏的——孩子将错过人生中最大的乐趣之一，以及阅读带来的巨大好处。

阅读不但是学习和教育的基础，而且是孩子未来可能取得成功的一个最重要的标志——比父母的教育背景或社会地位重要得多。这也是父母与自己的孩子建立亲情心理联结的一种神奇方式。

帮助你的孩子爱上阅读，是父母能给予自己孩子的一份最伟大的礼物，一份将伴随孩子一生的爱的礼物。

这是一本简单易懂而且非常实用的亲子阅读指导手册。作者根据不同年龄的孩子的发展特征，将 0 ~ 16 岁划分为 0 ~ 4 岁、5 ~ 7 岁、8 ~ 11 岁、12 ~ 16 岁四个阶段，告诉父母们在各个年龄阶段应该如何培养孩子的阅读习惯，如何让孩子爱上阅读。

[美] 爱丽森·戴维 著
宋苗 译
北京联合出版公司
定价：26.00 元

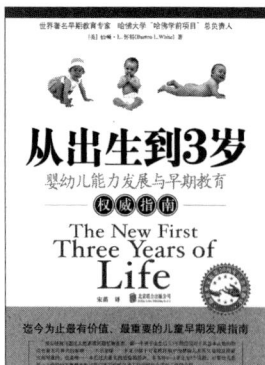

《从出生到3岁》

婴幼儿能力发展与早期教育权威指南

畅销全球数百万册，被翻译成11种语言

没有任何问题比人的素质问题更加重要，而一个孩子出生后头3年的经历对于其基本人格的形成有着无可替代的影响……本书是唯一一本完全基于对家庭环境中的婴幼儿及其父母的直接研究而写成的，也是惟一一本经过大量实践检验的经典。本书将0~3岁分为7个阶段，对婴幼儿在每一个阶段的发展特点和父母应该怎样做以及不应该做什么进行了详细的介绍。

本书第一版问世于1975年，一经出版，就立即成为了一部经典之作。伯顿·L.怀特基于自己37年的观察和研究，在这本详细的指导手册中描述了0~3岁婴幼儿在每个月的心理、生理、社会能力和情感发展，为数千万名家长提供了支持和指导。现在，这本经过了全面修订和更新的著作包含了关于养育的最准确的信息与建议。

伯顿·L.怀特，哈佛大学"哈佛学前项目"总负责人，"父母教育中心"（位于美国马萨诸塞州牛顿市）主管，"密苏里'父母是孩子的老师'项目"的设计人。

[美]伯顿·L.怀特 著
宋苗 译
北京联合出版公司
定价：39.00元

《实用程序育儿法》

宝宝耳语专家教你解决宝宝喂养、睡眠、情感、教育难题

《妈妈宝宝》、《年轻妈妈之友》、《父母必读》、"北京汇智源教育"联合推荐

本书倡导从宝宝的角度考虑问题，要观察、尊重宝宝，和宝宝沟通——即使宝宝还不会说话。在本书中，作者集自己近30年的经验，详细解释了0~3岁宝宝的喂养、睡眠、情感、教育等各方面问题的有效解决方法。

特蕾西·霍格(Tracy Hogg)世界闻名的实战型育儿专家，被称为"宝宝耳语专家"——她能"听懂"婴儿说话，理解婴儿的感受，看懂婴儿的真正需要。她致力于从婴幼儿的角度考虑问题，在帮助不计其数的新父母和婴幼儿解决问题的过程中，发展了一套独特而有效的育儿和护理方法。

梅林达·布劳，美国《孩子》杂志"新家庭（New Family）专栏"的专栏作家，记者。

[美]特蕾西·霍格
梅林达·布劳 著
北京联合出版公司
定价：42.00元

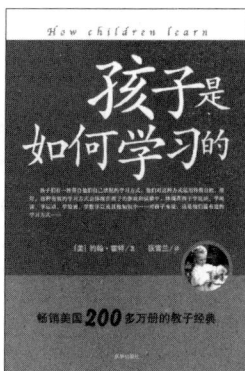

《孩子是如何学习的》

畅销美国 200 多万册的教子经典，以 14 种语言畅销全世界

孩子们有一种符合他们自己状况的学习方式，他们对这种方式运用得很自然、很好。这种有效的学习方式会体现在孩子的游戏和试验中，体现在孩子学说话、学阅读、学运动、学绘画、学数学以及其他知识中……对孩子来说，这是他们最有效的学习方式……

约翰·霍特（1923 ~ 1985），是教育领域的作家和重要人物，著有 10 本著作，包括《孩子是如何失败的》、《孩子是如何学习的》、《永远不太晚》、《学而不倦》。他的作品被翻译成 14 种语言。《孩子是如何学习的》以及它的姊妹篇《孩子是如何失败的》销售超过两百万册，影响了整整一代老师和家长。

[美] 约翰·霍特 著
张雪兰 译
北京联合出版公司
定价：30.00 元

以上图书各大书店、书城、网上书店有售。
团购请垂询：010-65868687
Email：marketing@tianluebook.com
更多畅销经典家教图书，请关注天略图书微信公众号"天略童书馆"及淘宝网书店"天略图书"
（http://shop33970567.taobao.com）